南曹街道志

郑州市名街志文化工程

郑州市地方史志编纂委员会 主办
中共郑州市委党史和地方史志研究室 编著

中国水利水电出版社
www.waterpub.com.cn
·北京·

图书在版编目（CIP）数据

南曹街道志 / 中共郑州市委党史和地方史志研究室编著. -- 北京 : 中国水利水电出版社, 2023.12
郑州市名街志文化工程
ISBN 978-7-5226-0202-8

Ⅰ. ①南… Ⅱ. ①中… Ⅲ. ①区(城市)－地方志－郑州 Ⅳ. ①K296.14

中国版本图书馆CIP数据核字(2021)第259963号

审图号：豫郑管城S〔2021〕002号

选题策划：马爱梅　宋建娜　李慧君
责任编辑：戴甫青

书籍设计：李　菲　田雨秾　龚　煜

	郑州市名街志文化工程
书　名	南曹街道志
	NANCAO JIEDAO ZHI
作　者	中共郑州市委党史和地方史志研究室　编著
出版发行	中国水利水电出版社
	(北京市海淀区玉渊潭南路1号D座　100038)
	网址: www.waterpub.com.cn
	E-mail: sales@mwr.gov.cn
	电话: (010) 68545888（营销中心）
经　售	北京科水图书销售有限公司
	电话: (010) 68545874、63202643
	全国各地新华书店和相关出版物销售网点
排　版	北京金五环出版服务有限公司
印　刷	北京天工印刷有限公司
规　格	184mm×260mm　16开本　16印张　273千字
版　次	2023年12月第1版　2023年12月第1次印刷
定　价	128.00元

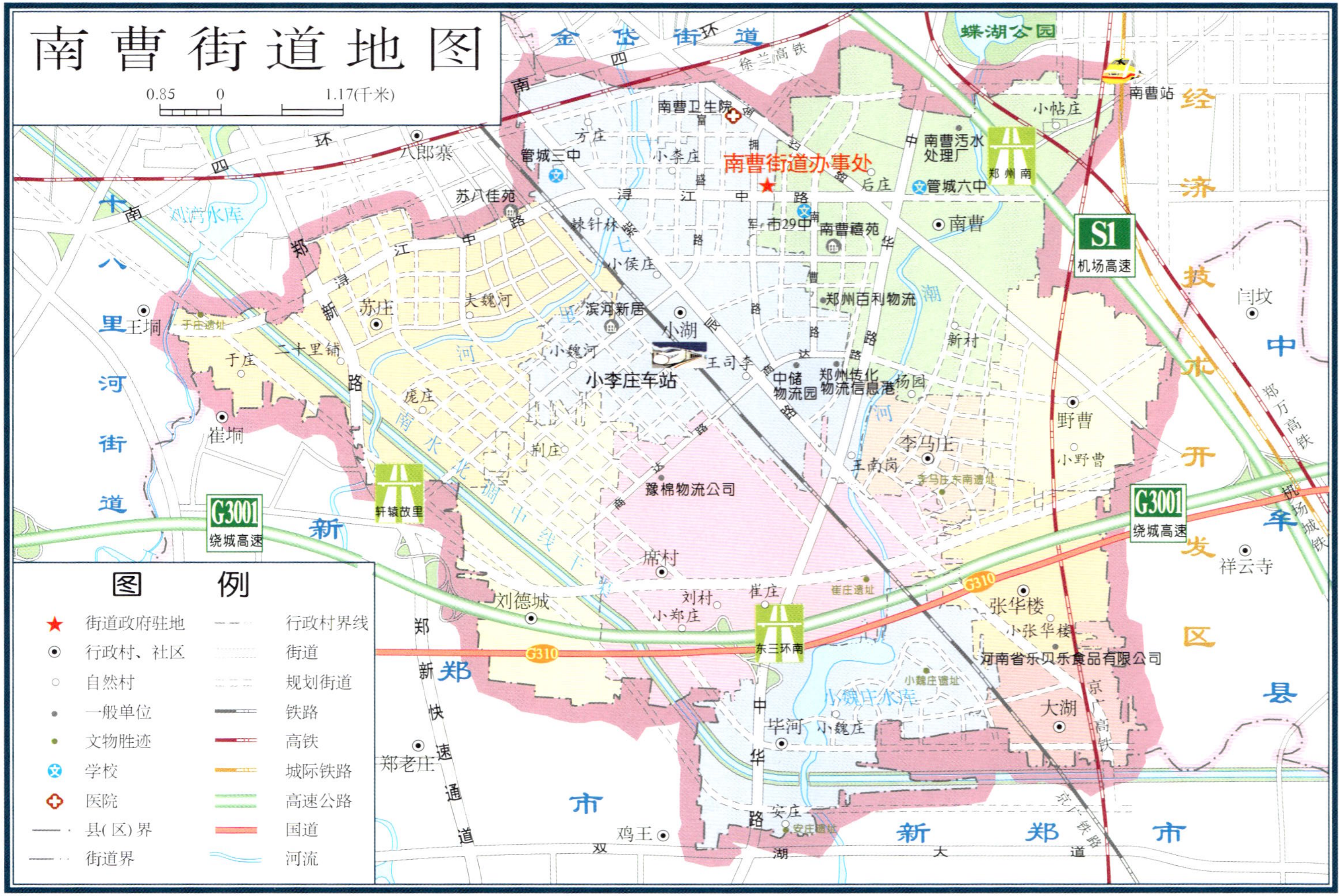

(注：图上行政界线为权宜画法，不作为划界依据)

俯瞰南曹街道之一　马健　摄

俯瞰南曹街道之二　马健　摄

潮湖　马健　摄

新型城镇化建设　马健　摄

交通路网　马健　摄

郑州市名镇志、名村志、名街志编纂委员会

名誉主任 虎　强

主　　任 丁淑杰

副 主 任 李红霞　王丹东　牛宏波　高　峰　尹　红

委　　员 （按姓氏笔画排序）

马素萍　王传胜　王淑慧　冯凌义　刘　宁　李　鹏

李颖辉　李新建　罗东方　周　莉　曹可艳　靳大勇

主　　编 丁淑杰

副 主 编 王丹东

编　　委 （按姓氏笔画排序）

马福永　王海燕　任兴来　刘　伟　苏鸿源　李　磊

张　利　张　磊　张晓娟　武丽娜　贾　佳　霍银群

编　　辑 李艺博　王　丹

学术顾问 （按姓氏笔画排序）

王河宁　王保国　安海蓉　孙英民　李仁清　李伯谦

李嘉南　张　永　张　霆　张绍宇　陈万卿　杭　侃

郑东军　胡惠林　宫嵩涛　徐建勋　韩国河

《南曹街道志》编纂委员会

主　　任	孙铁锋　申　超　王传胜　解　鑫　王佰顺　马福永
副 主 任	侯娅栋　周忠乾　邵　峰
委　　员	李时纲　荆留增　田　超　单书立　刘辉娟　穆凯旋
	刘江涛　高　升　杨铁民　王明东　魏保庆　吴立群
	李保臣　朱国营　杨　杨　刘澎举　李　山　刘长伟
	吴书林
编　　撰	何　伟　樊　月　刘　茹　刘贝贝　李　丹　王继方
	张长征　杨富州
摄　　影	马　健

序

2023年是全面贯彻党的二十大精神的开局之年，中共郑州市委党史和地方史志研究室坚持以习近平新时代中国特色社会主义思想为指导，全面贯彻党的二十大精神，在中国地方志工作办公室、中共河南省委党史和地方史志研究室的指导支持下，锚定“两个确保”、实施“十大战略”，牢记“为党立言、为国存史、为民修志”的职责使命，充分利用地方志体裁的独特优势，客观准确记述乡镇（街道）、村（社区）的历史与现状，促进满足人民文化需求和增强人民精神力量相统一，切实发挥好乡镇（街道）、村（社区）志“存史、资政、育人”功能。我室充分发掘、放大、展示郑州历史文化资源禀赋和特质、气质，扎实落实《郑州兴文化工程文化研究计划实施方案》，围绕郑州当代发展研究、郑州文化名人研究、郑州城市文化史研究、郑州重要时期的重大事件研究、郑州红色文化研究、郑州重要历史文化遗存研究、郑州重要历史文献典籍研究开展工作，相继完成了41部乡镇（街道）、村（社区）志的编纂出版工作，在积极探索基层志书编纂体制机制创新上持续发力，推动党史和方志工作高质量发展，努力打造新时代精品佳志，主要做法是：

坚持正确导向，突出时代主题。我室在乡镇（街道）、村（社区）志编纂中，力求全面、客观反映党史、新中国史、改革开放史、社会主义发展史在郑州的辉煌业绩，记录郑州从一座古老的城市发展成为国家中心城市的历史进程，阐释中华文明、中原文化在郑州这座城市的文明形态起源、嬗变和现代转型。聚焦黄河文化、商都文化、黄帝文化、河洛文化、嵩山文化和二七精神等重要的城市文化名片，我室组织编纂了管城区《东大街街道志》《西大街街道志》《城东路街道志》，二七区《德化街道志》，金水区《杜岭街道志》，上街区《峡窝镇志》《方顶村志》，巩义市《回郭镇志》《大峪沟镇志》《康店镇志》《河洛镇志》《站街镇志》《小关镇志》《米河镇志》《涉村镇志》《海上桥村志》，新郑市《孟庄镇志》《新建路街道志》，荥阳市《汜水镇志》《王村镇志》，惠济区《古荥镇志》《花园口镇志》，中牟县《雁鸣湖镇志》《黄店镇志》，新密市《刘寨镇志》，登封市《告成镇志》《中岳庙社区志》等基层志书。这批志书尝试从方志学的角度描述、分析郑州的历史和文化，讲述方志故事，凝聚城市精神，发现并彰显这些深藏在街道社区、乡村田野里的城市文化根脉。

坚持质量标准，规范编纂流程。我室认真贯彻落实《郑州市地方志工作规定》要求，明确各级党史方志工作机构与编纂单位分工负责，针对每部志稿都成立专班推进，形成了一级抓一级、层层抓落实，踏石留印、抓铁有痕的工作格局。遵循地方史志工作的基本原则，把质量视作乡镇（街道）、村（社区）志编纂的生命线，对每部志书严把政治观、史实关、体例关、文字关、出版关和印刷关。为提高编纂专业水平，我室邀请中国地方志工作办公室、中共河南省委党史和地方史志办公室指导工作，并与国内知名高校合作，采取集中培训、案例教学等形式，面向修志业务人员，结合实际答疑解惑，较好地统一了修志原则和基本规范。同时，与中国水利水电出版社紧密协作，按照中国名镇志、名街志、名村志文化工程的质量标准，开展全方位深度合作，搭建专业服务平台，合力推进精品工程建设。

拓展方志视野，创新编纂方式。我室积极适应进入“读图时代”的现代读者需求，在锤炼文字表达的同时，特别突出“图像存史”的作用。与河南省美术家协会合作，组织一批在省内乃至全国有影响的优秀画家，深入基层开展采风创作，用画笔描绘郑州美丽乡村和城市现代街区风貌。我室要求编纂单位注意对优秀美术作品的资料收集，成为熠熠生辉的亮点。中共郑州市委宣传部外宣办、河南日报新闻图片有限公司、郑州日报社及市、区县（市）摄影家协会等单位和许多优秀、敬业的摄影家，为本套丛书提供、创作了大批精彩的摄影作品，与志书篇章结构和语言文字同步配合，形成全新的图像叙事语言体系。这已不是简单的配图、插图、图文并茂，而是把图像证史、存史放在编纂方式创新的维度上来考量其价值与意义。

提高学术品质，丰富志书内涵。我室借鉴人文地理学和社会学的调查研究方法，在中原区委、区政府的支持下，组织编纂了该区《西流湖街道志》《中原西路街道志》《桐柏路街道志》《三官庙街道志》《棉纺路街道志》《绿东村街道志》《林山寨街道志》《汝河路街道志》《航海西路街道志》《须水街道志》《秦岭路街道志》《建设路街道志》12部街道志，对一个行政建置区域的政治、经济、文化、社会、生态建设状况，特别对自中华人民共和国成立以来各个历史时期的发展做了全方位的较完整记述。这些街道志组成了一个美丽的“方志拼图”，从中可以清晰地看到中原区从中华人民共和国成立初期的传统城郊农业区，形成郑州市的市级行政中心、文化中心和现代工业区，又在改革开放以来经过国企改革的华丽“蝶变”转型升级为现代化宜居宜业新城区的时空轨迹。我室还与郑州大学建筑学院合作，开展传统村落与民居保护和城市街区建筑文化专项调查，形成了一批研究成果并在编纂中予以重点展示。郑州市是中华文明探源工程、夏商周断代工程等考古研究的重点区域，拥有世界文化遗产登封“天地之中”历史建筑群和诸多国家重点文物保护单位，各类历史文化遗迹俯拾即是。在文物部门的大力支持下，我室在相关志书编纂中，注意收录考古最新发现及研究成果，以丰富志书编纂的文化内涵。

坚持统筹规划，分层扎实推进。我室坚持依法治志的基本原则，依法推进各项编纂组织管理工作。一是建章立制，科学管理。结合编纂实际，理顺管理体制和运行机制，明确了市、县区、乡镇、村在志书编纂中的各级权责，分级负责与属地管理有机结合，最大限度地形成合力、统筹推进。我室把这项工作作为一项硬任务，年初及时向市委市政府报告列入年度工作计划、列入财政预算，并与各区县（市）协商制订工作计划，按节点有序推进。二是统一规划，明确目标。在工作中要求各区县（市）本着精品至上、宁缺毋滥的原则确定选题规划，突出“名”和“特”，建立编纂项目库，集中力量，抓出精品，锻炼队伍，探索经验。三是分类指导，有的放矢。根据各区县（市）申报的选题计划，我室进行实地考察和逐一分析，建立选题库，按照年度工作计划出版。在整体过程中，实施有效的分类管理，进度服从质量，不搞“一刀切”，因地制宜，精准发力，推动这项工作积极稳妥、健康有序开展。四是重点突破，严把关口。我室以出版为时间节点，倒排工期，提出每部志书要认真把好四个关口：首先，每部志书的承编单位要严格按照既定的编纂体例完成初稿，做到篇目完整、材料充分。其次，各区县（市）党史方志工作机构要组织相关部门召开评审会，重点把好政治关、史实关，确保在民族、宗教、保密等重大问题上不出偏差，在内容材料上客观真实、准确无误。第三，由我室协同组织出版社、承编单位和专家学者，对稿件进行集中修改审定，群策群力，解决每部志书在内容、体例、语言等方面存在的问题，基本完成定稿。第四，出版社按照所签订的合作协议，编辑出版关口前移，签订协议后，提前介入每部志书的具体编纂指导、审定等工作，确保出版进度和质量。

坚持深入调研，解决实际问题。在地方志事业转型升级创新发展的进程中，转变思想观念、转变发展方式是全面的、深层次的变革。在推进郑州市名镇志、名村志、名街志文化工程工作中，我室深感地方志工作“一纳入、八到位”不能仅停留在一般性的“纳入”和“到位”上，应该以问题为导向，深入调查研究，切实解决党委政府重视支持、人力财力保障等基层反映强烈的实际问题。一是积极争取各级党委政府支持。乡镇（街道）、村（社区）志的编纂主体是市县乡各级党委政府及其地方党史方志工作机构，是“官修”而非私修。因此，编纂乡镇（街道）、村（社区）志是在各级党委政府领导和支持下、由各级地方党史方志工作机构负责牵头组织开展的。我室在调研中深刻体会到，乡镇（街道）、村（社区）志的编纂过程既是一个部门的业务推进，也是向各级党委政府汇报地方史志工作转型升级创新发展的形势任务、争取更大支持，解决实际问题的工作契机。二是切实解决好钱从哪里来。郑州市名镇志、名街志、名村志文化工程是郑州市组织推进的一项重点文化项目，我室明确不向乡镇（街道）、村（社区）基层摊派经费增加负担，按照财政分级管理的原则，积极向市政府和财政部门争取项目专项资金，解决编纂出版印刷等各项工作中的费用。各区县（市）负责组织编纂志书初稿的费用，经郑州市党史和地方史志办公室审定、出版社认可达到编辑出版要求后，由我室申请市财政审核拨付。对郑州市名镇志、名街志、名村志丛书编纂出版试行项目化资金管理，明确资金来源，严格预算管理，有助于形成一级抓一级、层层抓落实的长效工作机制。三是形成合力众手成志。要把郑州市名镇志、名街志、名村志丛书打造成为堪存堪鉴的精品志书，仅靠现有的党史方志工作机构是难以实现的。目前，乡镇（街道）、村（社区）志编纂面临的困难是多方面的，既有青黄不接、人才短缺，也有研究不足、经验匮乏。一些社会力量参与到基层志书的编纂工作中，存在着政治站位不高、政策把握不准、水平参差不齐等问题。但是在调研中也看到，社会各界对参与编纂乡镇（街道）、村（社区）志有较高的积极性、主动性，许多基层单位表示愿意借助这项工作打造文化品牌，推动当地经济社会发展。因此，在今后编纂工作中，要坚持从凝聚共识入手，着力形成团结一致、高效运转的强大合力，构建优势互补、复合型、专业化的新型协作体系。

以上是我室在郑州市名镇志、名街志、名村志文化工程中的一些尝试，不足之处敬请批评指正，以便在今后工作中认真加以改进。

中共郑州市委党史和地方史志研究室

2023 年 12 月

凡　例

一、指导思想　全面深入贯彻党的二十大精神，以马克思列宁主义、毛泽东思想、邓小平理论、“三个代表”重要思想、科学发展观、习近平新时代中国特色社会主义思想为指导，坚持实事求是原则，全面、客观、系统地记述各名街发展过程和改革开放成果，保护和传承名街历史文化，激发爱国爱乡情怀，为探索中国街区建设和城市发展模式、发展道路提供历史智慧和现实借鉴。

二、质量要求　编纂质量要求参照中国地方志工作办公室印发的《地方志书质量规定》执行。在坚持志体前提下，体裁运用、篇目设置、资料选择等可作适当创新。内容记述突出名街“名”与“特”等内涵，应执简驭繁、文约事丰、易于阅读、利于普及。

三、时间断限　为全面反映名街发展演变脉络，各志上限尽量追溯至事物发端，下限一般断至各街志启动编纂年份。个别重大事项可延至搁笔。

四、记述范围　以下限年份的街区范围为主，与所述名街紧密相关的街巷可从简记述。

五、总体结构　采用纲目体，分类目、分目、条目三个层次。横排门类，纵述史实。除《中国名街志丛书参考篇目》要求的必设类目外，其余类目由各街区依照突出时代特色、地方特点的原则自行设置。

六、体裁形式　综合运用述、记、志、传、图、表、录等体裁，以志体为主。

七、语言文体　除引用原文和附录文献资料外，统一使用规范汉字及现代语体文、记述体。记事坚持秉笔直书、述而不作，寓观点于记述之中。行文力求朴实、严谨、简洁、流畅，可读性强。

八、人物载录　本志设“街区人物”类目，选录对本街区建设、发展有重大贡献或影响的著名人物，以及他们在本街区的活动。记述名人遵循“生不立传”原则。

九、图照表格　志中随文配图照，图照下附注文字说明。图照和表格统一编排序号。

十、数据　所需数据一般采用政府统计部门数据，无统计数据的选用主管部门正式发布的数据。数据应严谨、真实、准确。

十一、计量单位　按照国务院 1984 年 2 月发布的《关于在我国统一实行法定计量单位的命令》执行。历史上使用的计量单位，如斗、石、里、亩、尺、磅、华氏度等，在引文中可照录，但首次出现时应加注。

十二、纪年　中华民国以前的纪年，先书历史纪年，其后括注公元纪年。中华民国成立之后的纪年，均使用公元纪年。

志中所称“解放前（后）”，以当地解放日为界；“新中国成立前（后）”，以中华人民共和国成立日 1949 年 10 月 1 日为界；“改革开放前（后）”，以中共十一届三中全会召开的 1978 年 12 月为界。

十三、称谓　记事均从第三人称角度记述。人物直书姓名，必要时冠以职务或职称。地名以现行标准地名为准；使用历史地名的，首次出现时括注现行地名。各历史时期党派、团体、组织、机构、职务或职称等均以当时名称为准。称谓过长而又频繁使用的，首次出现时使用全称同时括注简称，之后使用简称。

十四、数字、标点　遵循国家标准和出版规定，志中数字书写以 GB/T 15835—2011《出版物上数字用法》为准，标点符号使用以 GB/T 15834—2011《标点符号用法》为准。

十五、注释　志书所用重要资料应尽量注明出处。行文中的注释一律采用当页脚下注，个别视情况可采用随文括注；附载文章于篇后注明资料来源。

十六、本凡例关于名街志编纂中的未尽事宜，可在“编纂始末”中予以说明。

目　录

概述

LOCAL RECORDS OF NANCAO

南曹街道　马健　摄

南曹街道位于郑州市管城回族区东南部，东临郑州市经济技术开发区潮河办事处、祥云寺办事处，南接新郑市孟庄镇、龙湖镇，西与十八里河街道接壤，北连河南省管城经济技术开发区、金岱街道。辖区面积 43.81 平方千米，有 10 个行政村、33 个自然村。截至 2022 年年底，常住人口约 50000 人。

一

南曹街道地处黄河冲积平原，历史悠久，文化厚重。辖区内现存仰韶文化、龙山文化、商代、西周、春秋、战国、汉、唐、宋等文化遗址共 37 处。有郑州市文物保护单位 5 处，

分别为安庄遗址、李马庄东南遗址、崔庄遗址、于庄遗址、小魏庄遗址。有管城回族区文物保护单位 8 处，分别为席村遗址、小郑庄遗址、苏庄遗址、大湖遗址、张华楼遗址、毕河遗址、刘德城遗址及小魏河墓群。

辖区沙丘纵横，地势西南高、东北低，潮河、十七里河贯穿南北，水资源丰富。中华人民共和国成立后，开展大面积平沙造田行动，大搞农田水利建设，耕作条件明显改善，粮食产量显著增加。改革开放以后，大力发展农业生产，逐步建立社会主义市场经济，至 20 世纪 90 年代，逐渐形成西北以鲜桃、草莓为主，西南以食用菌和粉芡加工为主，东南以大枣、花生为主，东北以牛羊肉加工和观光农业为主的农业生产格局，农民收入不断增加，农民生活日益富裕。1995 年，农民人均纯收入 1590 元，尚庄村、郎庄村、弓马庄村、七

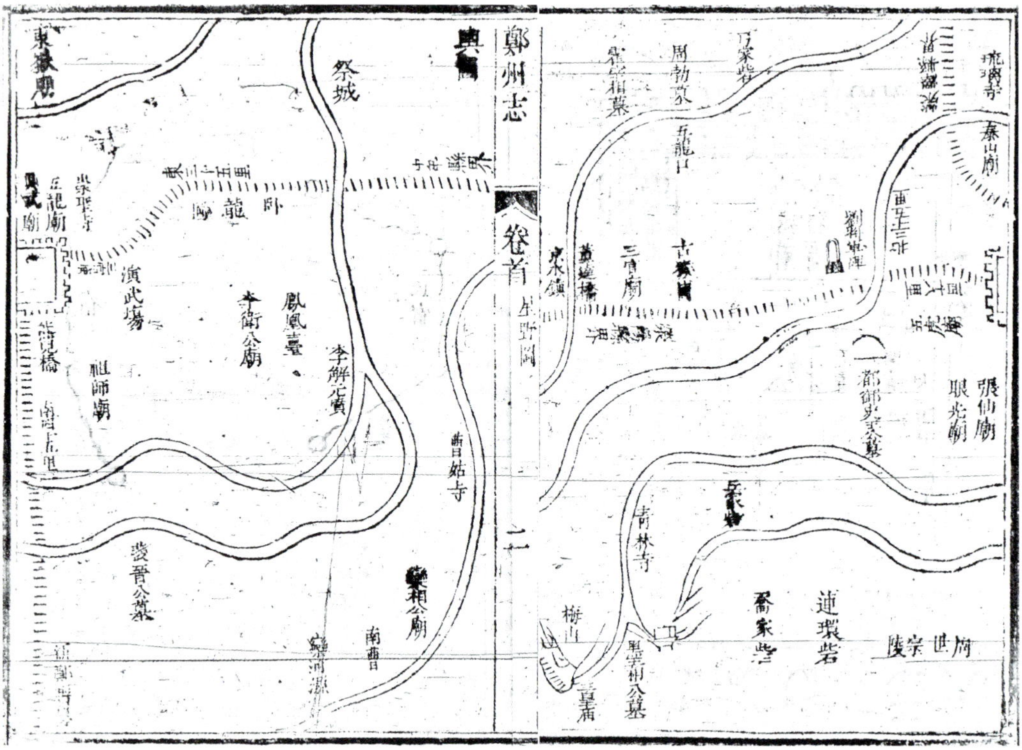

康熙《郑州志》中的南曹

十七里河　马健　摄

潮湖春柳 马健 摄

里河村、西上岗杨村等6个村被郑州市委、市政府命名表彰为小康村。2000年，农民人均纯收入3587元。进入21世纪，张华楼村科技示范园、河南淇乐农业有限公司等一批现代化农业产业园和郑州市众富养鸡农民专业合作社、郑州市金春奶牛专业合作社等标准化规模养殖场基地相继建成，辖区农业生产向集约化、高效化方向发展。

自20世纪60年代末至80年代，小李庄火车站交通优势逐渐彰显，吸引石油工业部郑州仓库、河南省棉麻公司仓库、河南省煤管局仓库、郑州铁路局水泥厂、郑州铁路局工务修配厂等企业在其周边入驻建设，经济贸易合作不断扩大。同时期，兴建南曹农机厂、南曹玻璃厂、南曹服装厂、南曹建

农业产业园 马健 摄

筑公司，形成产业基础。20世纪90年代，辖区中小微企业迅猛发展。至2010年，有中小微企业3100余家，以家具及其上下游供应链产品为主。2010年，居民人均纯收入11339元。进入新时代，南曹街道全面贯彻新发展理念，抢抓国家中心城市建设机遇，聚焦郑州“四高地、一枢纽、一重地、一中心”和郑州都市圈建设，围绕管城回族区委提出的“古都新生”目标，调整产业结构，推动产业转型升级，房地产、物流业蓬勃发展。实施乡村振兴战略，融合生活、生产、生态，塑造农文旅产业链，推进美丽乡村建设。牢牢把握建设郑州南站枢纽产业园的重大历史机遇，建设“站城一体化”示范核心区，打造顺畅换乘、无缝衔接，地下地上空间高效利用的流量汇聚高地、服务发展标杆、综合枢纽典范，构筑现代经济新优势，点燃经济发展新引擎，带动郑州南部片区产业开发。2022年，南曹街道固定资产投资总额52.95亿元，公共财政预算收入1.82亿元，居民人均纯收入33883元。

物流业——中石油仓储 马健 摄

二

交通便利，通达内外。南曹街道铁路、公路纵横交错，京广铁路在辖区内设有小李庄火车站，郑州城际铁路在辖区内设有南曹站，京广高铁、徐兰高铁、郑万高铁穿境而过。辖区内郑州机场高速公路、中华路贯通南北，郑州西南绕城高速公路、G310国道、浔江中路横贯东西。金岱路、紫辰路、郑新快速路等直达郑州市中心城区，辖区还拥有郑州机场高速公路郑州南站、东三环南站、轩辕故里站3个高速公路出入口，形成“一环一轴五横七纵”的道路体系。

环境优美，景色宜人。辖区有宛如玉带的南水北调中线干渠和逶迤北去的十七里河、十八里河、潮河，以及潮湖，自然生态环境得天独厚。中华人民共和国成立初期，大量栽种柳树、棠梨等树木压沙造林。改革开放以来，大面积种植槐树、泡桐、杨树等树木，生

郑州南站　马健　摄

铁路、公路纵横交错　马健　摄

南水北调中线干渠 吴书林 摄

态与经济效益兼顾。21世纪以来，认真践行“绿水青山就是金山银山”发展理念，按照郑州市“大生态、大环保、大格局、大统筹”要求，依托辖区“一渠一湖两河两线”，建设南水北调生态文化公园、潮湖湿地生态公园，推进十七里河、潮河、郑州西南绕城高速公路、郑州机场高速公路、徐兰高铁、京广高铁等河流、铁路、公路沿线生态廊道建设，建成了总长达28千米、总面积达400万平方米的景观通道和视觉廊道，实现了“路在林中、林在城中、绿不断线、景不断链”的效果。

生态廊道 马健 摄

三

党建引领，强基固本。南曹街道坚持以党的建设高质量推动经济发展高质量，把党的建设工作扛在肩上、抓在手上，把不忘初心、牢记使命作为接续奋斗的动力源泉，认真推动党史学习教育走实走深，建成党建主题公园4个，建设党群服务中心10个，创建农村五星支部1个、四星支部1个、三星支部7个，组织开展“农民文化艺术节”“快乐星期天”等文化娱乐活动，推进基层党建高质量发展。

智慧治理，赋能基层。构建网格化管理体系，打造基层治理新模式。南曹街道将全域设置为一级网格，10个行政村设置为二级网格，各村民组（片）划分为69个三级网格，各级网格员555名，并将独具特色的“1315”党建工作机制引入网格化基层治理工作中，即强化党支部这一核心引领，组建由党员、村民代表和妇女联络员构成的“3人初心服务队”联系分包服务15户村民，延伸设置了501个微网格，并开发“‘曹’心办”小应用和智慧安防、智慧巡查、智慧生活等8个智慧应用，便于群众参与和精细服务。党员联户、网格连心、数智赋能，构建起基层治理的良好格局，推动基层党建与基层治理深度融合。

人居环境，有效改善。以城中村改造与合村并城为抓手，大力推进新型城镇化建设，苏庄村、南曹村、刘德城村等村居民相继住上了环境优美、设施完善的现代化新居。按照“田园牧歌，诗意栖居”定位，坚持生产生活生态融合发展，推进美丽乡村建设。2021年，张华楼村、大湖村被评为郑州市美丽乡村示范村。深入开展精神文明和平安建设工作，2013年以来连续三届获得“河南省文明村镇”称号。

民生福祉，持续提升。南曹街道坚持人民至上、以人民为中心，全面落实党中央各项惠民政策，不断发展和改善民生。落实低保“动态管理”，做到“应保尽保，应退尽退”。开展物业管理、插花技艺、电商营销等多种技能培训，提高居民劳动技能和就业能力，辖区就业、创业率连年提升。实施农村安全饮用水工程，辖区各村建有供水站，自来水普及

南曹街道现代化新居 马健 摄

率100%。推进农村通组入户道路建设，实现全部村组和99.5%以上的农户通水泥路。建成污水处理站5座，在建污水处理厂1座。积极发展教育事业，辖区内有高中1所、初中2所、小学8所、幼儿园1所，实施学生营养午餐集中供应和课后延时服务，群众满意度不断提升。大力发展医疗卫生事业，实现基层医疗卫生服务网络全覆盖，有一级乡镇卫生院1所，规范化村卫生所21所。乡村文化繁荣发展，辖区有综合文化站1个、村级党群服务中心10个，组建舞狮、唢呐、戏曲、广场舞等各类文艺队伍120余支，打造“南曹农民文化艺术节”这一文化名片，丰富辖区居民的精神文化生活。特困对象实行集中供养，有老年康养中心3个、残疾人康复站1个。

新时代，新征程。南曹街道高举习近平新时代中国特色社会主义思想伟大旗帜，踔厉奋发、勇毅前行，深入践行“工作有标杆、落实有标准、突破有标志”的“三标”活动，依托郑州南站枢纽产业园建设，围绕产业提档、能级提升、共富提质、治理提效、队伍提能，全力谱写中国式现代化南曹街道高质量发展新篇章。

基本街情

LOCAL RECORDS OF NANCAO

历史沿革

街名由来

明朝初期，因有人迁至曹古寺之南定居，得名南曹村。1941 年设乡，驻地南曹村，是为南曹乡。2018 年 1 月，撤销管城回族区南曹乡，分别设立南曹、金岱两个街道办事处，南曹街道延续旧名。

属　地

1913 年，属郑县人和区。

1934 年，属郑县祭城区。

1941 年，属郑县南曹乡。

1948 年 10 月，郑县解放。郑县划分为郑州市和郑县，属郑县。

1948 年 11 月，郑县划分 6 个区，属郑县第四区。

1953 年 2 月，郑县撤销，属郑州市郊区第四区。

1954 年 2 月，属郑州市郊区南曹区。

1955 年 9 月，属郑州市郊区二郎庙中心乡。

1956 年 10 月，属郑州市郊区南曹乡。

1958 年 8 月，属郑州市郊区南郊人民公社。

1960 年 6 月，属郑州市郊区南曹人民公社。

1961 年 5 月，属郑州市郊区十八里河区。

1963 年 2 月，属郑州市郊区南曹人民公社。

1983 年 5 月，属郑州市郊区南曹乡。

1987 年，郑州市郊区撤销，属郑州市管城回族区南曹乡。

2018 年 1 月，属郑州市管城回族区南曹街道。

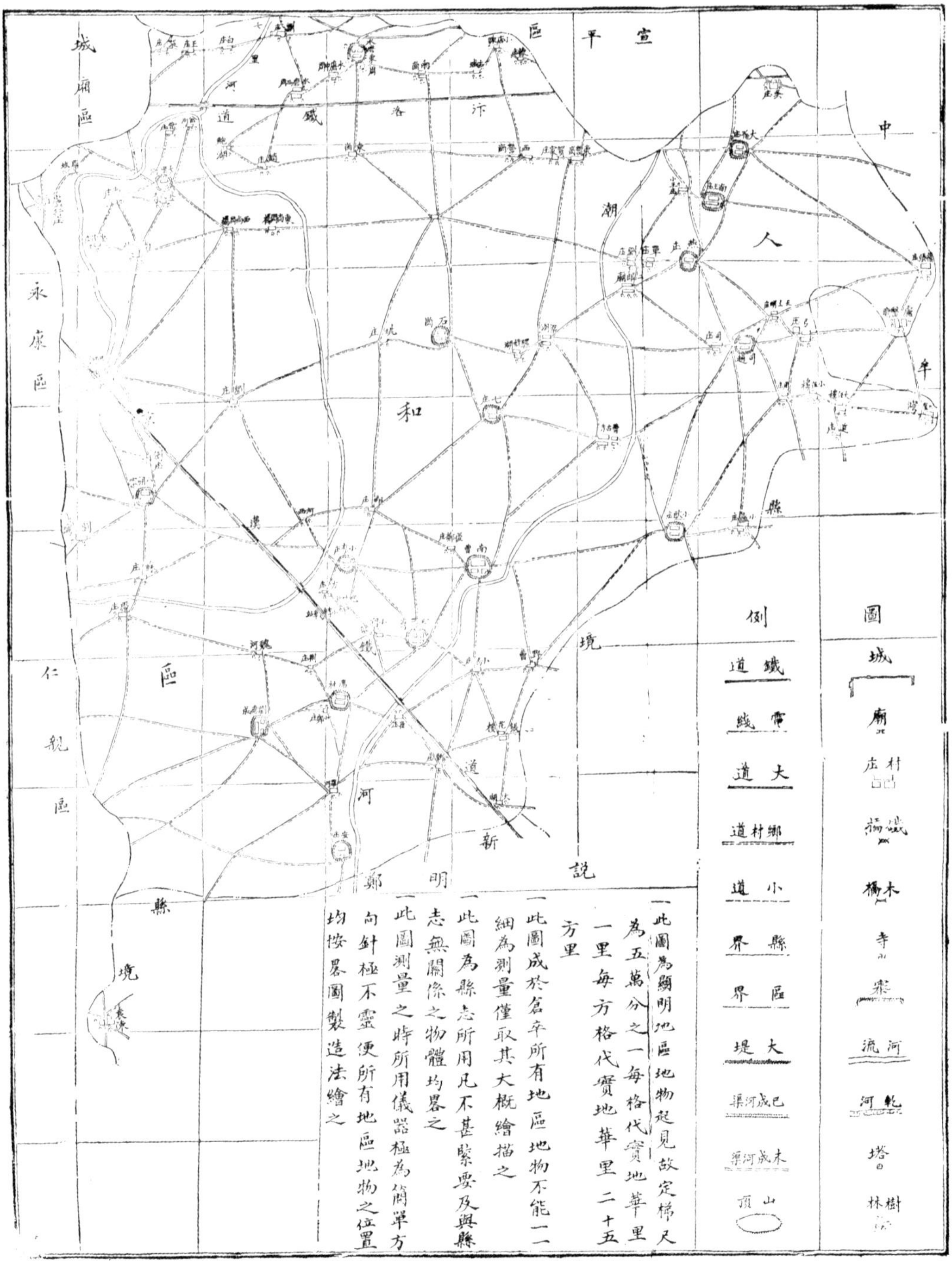
宣平區
城廟區
永康區
仁親區
人和區
中牟縣境
新鄭縣境
汴洛鐵道
說明
一此圖爲闡明地區地物起見故定梯尺爲五萬分之一每格代實地華里一里每方格代實地華里二十五方里
一此圖成於倉卒所有地區地物不能一一細爲測量僅取其大概繪描之
一此圖爲縣志所用凡不甚緊要及與縣志無關係之物體均畧之
一此圖測量之時所用儀器極爲簡單方向針極不靈便所有地區地物之位置均按畧圖製造法繪之
圖例
城
廟
村庄
鐵橋
木橋
寺
寨
河流
乾河
塔
樹林
鐵道
電綫
大道
鄉村道
小道
縣界
區界
大堤
已成河渠
未成河渠
山頂

民国《郑县志》中的南曹

区划

1948年10月，郑县解放。11月，郑县人民政府成立，划全县为6个区。南曹为第四区，区政府驻南曹村，辖17个乡，即南曹、东周、张华楼、郎庄、王司李、大孙庄、魏河、七里河、八郎寨、司赵、尚庄、梁湖、二郎庙、圃田、十里铺、席村、大任楼。

1953年2月，郑县撤销，改为郑州市郊区，成立郑州市人民政府郊区工作委员会。郊区划分为8个区，南曹为第四区，辖14个乡，即南曹、张华楼、席村、八郎寨、十八里河、南小李庄、梁湖、大孙庄、司赵、东营岗、十里铺、东周、七里河、郎庄。

1954年2月，郑州市人民政府农村工作办事处将8个区合并为须水、古荥、祭城、金水和南曹5个区。南曹区政府由曹古寺迁至十八里河，辖18个乡，即南曹、东周、张华楼、郎庄、大孙庄、七里河、八郎寨、司赵、梁湖、十里铺、席村、南小李庄、十八里河、东营岗、红花寺、贾咀、南岗刘、贾砦。

1955年9月，郊区撤区设55个乡。南曹乡属二郎庙中心乡，辖15个自然村，即南曹、耿庄、后庄、小帖庄、小卢庄、杨园、大湖、野曹、张华楼、王南岗、李马庄、小魏庄、安庄、毕河、崔庄。

1956年10月，郊区区划调整，二郎庙中心乡撤销，南曹乡辖32个自然村，即南曹、耿庄、后庄、小帖庄、小卢庄、杨园、大湖、野曹、张华楼、王南岗、李马庄、小魏庄、安庄、毕河、崔庄、刘村、刘德城、小郑庄、席村、荆庄、小魏河、小湖、王司李、毛庄、史岗、姚庄、河西村、郎庄、方庄、棘针林、小侯庄、小李庄。

1960年6月，南曹乡撤销，成立南曹人民公社。南曹人民公社辖15个大队，即南曹、张华楼、郎庄、七里河、八郎寨、司赵、梁湖、席村、小李庄、小刘、苏庄、耿庄、刘德城、毕河、二郎庙。

1961年5月，郊区恢复5个区，南曹人民公社属十八里河区，辖8个大队，即南曹、张华楼、郎庄、耿庄、七里河、司赵、梁湖、二郎庙。

1962年12月，苏庄大队划属南曹人民公社。

1963年2月，郊区区划调整，南曹人民公社辖24个大队，即南曹、张华楼、郎庄、耿庄、七里河、司赵、梁湖、二郎庙、席村、苏庄、圃田、吴庄、大王庄、大孙庄、营岗、小湖、刘德城、毕河、野曹、曹古寺、单庄、弓马庄、东尚岗杨、毛庄。

1965年，东尚岗杨大队划分为东尚岗杨、西尚岗杨2个大队。

1966年3月，圃田、吴庄、大王庄、大孙庄、营岗等5个大队划属莆田人民公社。

1976年，尚庄大队划属南曹人民公社。

1981年，辖区张华楼大队划分为张华楼、大湖、李马庄3个大队，弓马庄大队划分为弓马庄、王士明庄2个大队，东尚岗杨大队划分为东尚岗杨、螺蛭湖2个大队，毛庄大队划分为毛庄、姚庄2个大队。至此，南曹人民公社辖26个大队。

1983年5月，改南曹人民公社为南曹乡，改大队为行政村。南曹乡辖26个行政村，即南曹、大湖、野曹、张华楼、李马庄、毕河、刘德城、席村、苏庄、小湖、郎庄、姚庄、尚庄、七里河、司赵、梁湖、曹古寺、二郎庙、单庄、弓马庄、东尚岗杨、西尚岗杨、毛庄、螺蛭湖、王士明庄、耿庄。

1987年，郊区撤销，南曹乡划属郑州市管城回族区，原辖行政村不变。

2003年9月，司赵、梁湖、曹古寺、二郎庙、单庄、弓马庄、东尚岗杨、西尚岗杨、毛庄、螺蛭湖、王士明庄、耿庄等12个行政村划属郑州市经济技术开发区。南曹乡辖14个行政村，即南曹、大湖、野曹、张华楼、李马庄、毕河、刘德城、席村、苏庄、小湖、郎庄、姚庄、尚庄、七里河。

2018年1月，根据《郑州市人民政府关于撤销管城回族区南曹乡设立南曹和金岱2个街道办事处的批复》，撤销管城回族区南曹乡分别设立南曹、金岱两个街道办事处。其中，南曹街道办事处辖小湖、南曹、苏庄、刘德城、席村、毕河、野曹、大湖、张华楼、李马庄等10个村委会。

所辖村庄

南曹街道辖10个行政村，有33个自然村、57个村民组，辖区有8879户，户籍人口37087人，常住人口约50000人。

小湖村 南曹街道办事处所在地，面积8.52平方千米。有小湖、王司李、小侯庄、小魏河、小李庄、方庄、棘针林、王南岗等8个自然村，11个村民组，1641户，6896人。主要姓氏有王、李、张、魏、岳、司、侯等。有郑州南站（小李庄火车站）、南曹卫生院等公共单位。该村位于郑州南站枢纽产业园中心区域，京广铁路、徐兰高铁、浔江中路、南四环、紫辰路穿境而过。

南曹村 位于南曹街道办事处东南1千米处，面积6.98平方千米。有南曹、后庄、

小湖村　马健　摄

南曹村　马健　摄

小帖庄、杨园、新村等 5 个自然村，13 个村民组，1365 户，6406 人。主要姓氏有王、刘、马、闫、张、李、帖等。京广高铁、郑万高铁、郑州机场高速公路、浔江中路、中华路、金岱路穿境而过。该村 2018 年、2022 年被评为郑州市文明村。

苏庄村 位于南曹街道办事处西南 3 千米处，面积 6.90 平方千米。有苏庄、于庄、二十里铺、庞庄、大魏河等 5 个自然村，10 个村民组，1560 户，5996 人。主要姓氏有于、王、毛、司、李、苏、袁、闫、魏、郑等。京广铁路、郑州西南绕城高速公路、郑新快速路、浔江中路穿境而过。

席　村 位于南曹街道办事处南 4 千米处，面积 6.45 平方千米。有席村、刘村、小郑庄、崔庄等 4 个自然村，6 个村民组，1589 户，5828 人。主要姓氏有刘、史、李、卢、郑、任、崔、乔、吴、郭等。京广铁路、G310 国道、中华路穿境而过，郑州西南绕城高速公路东三环南站位于该村。

刘德城村 位于南曹街道办事处西南 5 千米处，面积 3.45 平方千米。有刘德城、荆庄 2 个自然村，4 个村民组，532 户，2455 人。主要姓氏有孙、荆、王、闫、袁等。郑州西南绕城高速公路轩辕故里站位于该村。

毕河村 位于南曹街道办事处南 5 千米处，面积 4.03 平方千米。有毕河、安庄、小魏庄 3 个自然村，8 个村民组，821 户，3438 人。主要姓氏有毕、代、王、魏、范、马、刘等。小魏庄水库位于该村。京广铁路、郑州西南绕城高速公路、G310 国道、中华路穿境而过。

苏庄村　马健　摄

席村 马健 摄

刘德城村 马健 摄

毕河村　马健　摄

李马庄村　位于南曹街道办事处东南 2 千米处，面积 1.29 平方千米。有李马庄村 1 个自然村，216 户，1025 人。主要姓氏有李、马、陈、范、贾、张等。

李马庄村　马健　摄

野曹村 位于南曹街道办事处东南 4 千米处，面积 2.87 平方千米。有野曹、小野曹 2 个自然村，5 个村民组，550 户，2274 人。京广高铁、郑州西南绕城高速公路、机场高速公路、郑尚线穿境而过。

张华楼村 位于南曹街道办事处东南 6 千米处，面积 1.91 平方千米。有张华楼、小张华楼 2 个自然村，375 户，1695 人。主要姓氏有魏、郎、张、邱等。京广铁路、京广高铁、郑州西南绕城高速公路、G310 国道穿境而过。该村为郑州市 2007 年新农村建设示范村、郑州市 2021 年美丽乡村建设示范村，该村党总支为河南省 2021 年先进基层党组织、河南省 2022 年“五星”党支部。

大湖村 位于南曹街道办事处东南 6.50 千米处，面积 1.41 平方千米。有大湖村 1 个自然村，230 户，1074 人。主要姓氏有张、袁、卢、马等。京广铁路、京广高铁穿境而过。该村为郑州市 2008 年新农村建设示范村、郑州市 2021 年美丽乡村建设示范村。

野曹村 马健 摄

张华楼村　马健　摄

大湖村　马健　摄

区 位

自然地理

区 位 南曹街道位于郑州市城区东南部，地理坐标北纬 34°70′，东经 113°75′。

气 候 辖区属北温带大陆性季风气候，冷暖适中、四季分明。春季干旱少雨，夏季炎热多雨，秋季天高气爽，冬季寒冷少雪。冬季最长，夏季次之，春季较短。全年温差较大，一年中最冷和最热的时间均在一个月左右。辖区年均日照时间为 2385.50 小时，日照率为 54%，无霜期为 227 天。

地 形 辖区地势总体西高东低，由丘陵逐渐过渡到平原，平均海拔约 113 米。西部、北部沙岗连绵起伏，平坦地区以沙地为主。

南曹春景——麦田 马健 摄

南曹夏景——潮河 马健 摄

南曹秋景 马健 摄

南曹冬景——南水北调中线干渠　吴书林　摄

水　文

潮　河　古名役水，又称栾河，因昔日灌稻，每日三潮而改名潮河。发源于新郑市郭店镇徐庄附近，汇入东风渠。在辖区自南向北流经毕河村、席村、小湖村、李马庄村、南曹村，长度为 8.75 千米，是贯穿辖区南北的一条主要河流。

十七里河　又名七里河、魏河，古名龙须沟。发源于新郑市郭店镇半坡桥村附近，汇入东风渠。在辖区自南向北流经苏庄村、小湖村，长度为 5.37 千米。

十八里河　为十七里河支流，发源于新郑市龙湖镇孟庄村泰山西麓，在航海东路街道岔河村汇入十七里河。在辖区自南向北流经苏庄村，长度为 0.51 千米。20 世纪 60 年代，该河上建有于庄拦水坝并设提灌站，灌溉周边 1.34 平方千米的田地。

小魏庄水库　又名潮湖，位于辖区毕河村小魏庄村北部的潮河上。小魏庄水库总控制流域面积 77.40 平方千米，区间控制流域面积 46.20 平方千米，总库容量 208.70 万立方米，是一座以防洪为主，兼顾灌溉、涵养地下水等综合利用的小型水库。1958 年 2 月开工建设，1959 年大坝建成，1969 年增建溢流坝，2010 年至 2012 年，南曹乡对水库进行除险加固。2022 年，管城区农委重修溢洪道。

潮河 马健 摄

十七里河 马健 摄

小魏庄水库　马健　摄

南水北调中线干渠　马健　摄

南水北调中线干渠 在辖区自东向西流经大湖村、毕河村、席村、刘德城村、苏庄村，长度为 7.46 千米，永久占地面积 1.36 平方千米，临时占地面积 0.71 平方千米。建有 1 座铁路桥、5 座公路桥、7 座生产桥，2 个倒虹吸，1 个退水闸。2011 年 6 月开始施工，2013 年年底建成，2014 年 12 月正式通水。

交通地理

京广铁路、京广高铁、徐兰高铁、郑万高铁穿境而过，郑州南站位于辖区小湖村。郑州西南绕城高速公路、G310 国道、南四环、浔江中路横贯东西，郑州机场高速公路、中华路贯通南北，金岱路、紫辰路、郑新快速路直达郑州市中心城区。距郑州火车站 12.20 千米、距郑州东站 10.30 千米、距新郑国际机场 18.30 千米，辖区区位优势明显，交通十分便利。

政治地理

南曹街道是航空港区与郑州市主城区之间的重要纽带，距郑州市政府 14.60 千米，距管城回族区政府 11.80 千米，是郑州南站建设的承载地和郑州南站枢纽产业园的核心区。

经济地理

南曹街道位于郑州市城区东南部，新时代以来，相继启动城中村改造项目 4 个、合村并城项目 13 个，引进上海绿地、河南振兴、浙江传化、青岛百丽等行业龙头企业，总投资超过 500 亿元。以城市精细化管理、农村人居环境整治提升和美丽乡村建设为抓手，着力改进城市管理和改善人居环境，打造“一村一品”，乡村振兴的局面正在形成。以郑州南站枢纽产业园核心板块为支撑，着力打造站城一体化的现代综合客运枢纽典范，带动郑州南部片区产业开发。

南曹村合村并城项目　马健　摄

浔江中路环境整治提升　马健　摄

居 民

人口总量

1964 年，第二次全国人口普查，辖区总人口为 33317 人，其中男 16931 人，女 16386 人，性别比为 103.32 ∶ 100。0 ~ 17 岁占 46.18%，18 ~ 35 岁占 24.52%，36 ~ 59 岁占 22.01%，60 岁及以上占 7.29%。

1982 年，第三次全国人口普查，辖区总人口为 41689 人，其中男 20835 人，女 20854 人，性别比为 99.91 ∶ 100。0 ~ 17 岁占 38.54%，18 ~ 35 岁占 30.98%，36 ~ 59 岁占 21.86%，60 岁及以上占 8.62%。

1990 年，第四次全国人口普查，辖区总人口为 44878 人，其中男 22778 人，女 22100 人，性别比为 103.07 ∶ 100。

2000 年，第五次全国人口普查，辖区总人口为 56511 人，其中男 29595 人，女 26916 人，性别比为 109.95 ∶ 100。0 ~ 19 岁有 19175 人，20 ~ 59 岁有 31786 人，60 ~ 99 岁有 5548 人，100 岁及以上有 1 人。

2010 年，第六次全国人口普查，辖区总人口为 40825 人，其中男 21510 人，女 19315 人，性别比为 111.36 ∶ 100。0 ~ 14 岁有 8441 人约占 20.7%，15 ~ 64 岁 59670 约占 72.7%，65 岁及以上 2714 人约占 6.6%。

2020 年，第七次全国人口普查，辖区总人口为 36728 人。

民族构成

截至 2022 年年底，辖区有 12 个民族，其中汉族 36868 人、回族 166 人、满族 21 人、壮族 9 人、蒙古族 8 人、苗族 5 人、侗族 3 人、彝族 3 人、土家族 1 人、白族 1 人、黎族 1 人、布依族 1 人。

居民生活

衣

中华人民共和国成立前，辖区经济发展落后，人们普遍贫困，缺少衣物，衣服多为粗麻布缝制而成，颜色单调且舒适度低。中华人民共和国成立后，人们穿衣以粗布为主，颜色以蓝、黑、灰为主，军装、解放鞋、雷锋帽等是时髦服装。改革开放后，棉纺织品、化纤制品的种类和样式越来越多，衣服颜色也变得鲜艳。20 世纪 80 年代末，喇叭裤成为时髦青年的标配。20 世纪 90 年代，裙子、健美裤、牛仔裤逐渐流行，中老年人多穿布鞋，冬天穿大头棉鞋，年轻人多穿飞跃、双星牌运动鞋。新世纪以来，服装的面料、款式、色彩变得更加多元，鞋子也是多种多样。服装和鞋子不仅仅满足于保暖、舒适、美观，更讲究时尚、健康和环保。

食

中华人民共和国成立前，辖区居民吃的主食是用高粱等杂粮做的窝窝头。中华人民共和国成立以来，经历了一系列的农业经济改革，粮食产量增长明显，居民主食是白面与杂

20 世纪 60 年代南曹居民生活 南曹街道办事处 供图

20 世纪 70 年代末南曹居民生活 南曹街道办事处 供图

20 世纪 90 年代南曹居民生活　南曹街道办事处　供图

南曹街道居民生活　马健　摄

南曹八大碗　牛肉丸子　南曹街道办事处　供图

南曹八大碗　蒸排骨　南曹街道办事处　供图

南曹八大碗　八宝饭　南曹街道办事处　供图

南曹八大碗　白条肉　南曹街道办事处　供图

南曹八大碗　豆腐　南曹街道办事处　供图

南曹八大碗　焖子　南曹街道办事处　供图

南曹八大碗　蜜汁藕　南曹街道办事处　供图

南曹八大碗　小酥肉　南曹街道办事处　供图

粮面掺和做的杂面馍，生活水平逐步提高。改革开放后，逐渐实现常年吃白面馍，蔬菜有豆角、韭菜、萝卜、白菜等，食用油多是自家炼制的猪油，罐头食品受居民喜欢。20世纪90年代，辖区居民饮食结构发生很大变化，肉类、鸡蛋、牛奶成为家常便饭，原来只有在婚庆等喜宴上才能吃到的“八大碗”成为辖区居民餐桌日常餐食，各种时令蔬菜、水果一年四季都有，饼干等副食品供应充足。新世纪以来，辖区居民更加注重健康饮食，讲究荤素搭配、营养均衡，低盐、低糖、低脂肪、低热量的食物受到欢迎。纯牛奶、脱脂牛奶、加钙牛奶及蛋糕等各种副食品应有尽有。

住

中华人民共和国成立前，居民大多数居住土坯房。不少居民只有几间房屋，没有院墙。中华人民共和国成立初期，社会经济发展较快，有条件的居民盖起了瓦房，并建起了院墙。三间瓦房成为当时住房标配。改革开放后，堂屋和东西厢房组成的四合院逐渐成为潮流，房屋结构多为砖混房、平房，普遍使用钢筋，抗震性能增强，内外装修也比较讲究，外墙用水沙石粉刷，窗户使用玻璃。20世纪90年代初，随着经济的持续发展和民生政策的推进，

南曹街道新式社区　马健　摄

辖区各村“万元户”不断增加，农村住房建设获得快速发展，二层、三层小楼不断涌现。20世纪90年代末至21世纪初，随着外来务工人员增加较多，辖区居民房屋普遍建成四层、五层的楼房，吸进很多外地人在辖区租房住。2005年以来，着力推进新型城镇化建设，实施多个城中村改造、合村并城项目，一部分辖区居民住进了环境优雅、设施齐全的新式社区。同时推进美丽乡村建设，人居环境显著改善。

行

中华人民共和国成立前，辖区居民出行多为步行。拉运东西多用独轮车，或用牲畜拉动的两轮车、四轮车。中华人民共和国成立初期，自行车开始出现，后逐渐成为人们出行的基本方式。改革开放后，摩托车成为当时人们的新时尚，电动车也进入家家户户。新世纪以来，随着社会经济的飞速发展，汽车成为人们出行的重要方式。同时，公交、地铁、出租车等交通方式使人们出行更加方便。

公共交通工具　马健　摄

日常出行　马健　摄

高铁出行　马健　摄

社会保障

救济救灾

2005年，募集资金10500元，资助困难大学生上学。

2006年，组织开展为湖南等地台风受灾地区捐款活动，捐款总计13650元。

2007年，发放临时救济款25900元、危旧房屋改造资金30000元、面粉4500千克、棉被90条；免费为78名白内障患者做复明治疗，为5名残疾人安装了假肢，捐赠残疾人轮椅等器材8件。

2008年，发放临时救济款25450元、危旧房屋改造资金60000元、面粉4800千克、棉被120条。组织开展向汶川地震灾区捐款活动，捐款总计743540元。

2009年，发放临时救济款26450元、危旧房屋改造资金92000元、面粉2000千克、大米13370千克、棉被793条；免费为72名白内障患者做复明治疗，为残疾人捐赠轮椅10辆。组织开展慈善日捐款活动，捐款总计129414元。

2010年，发放临时救济款43000元、危旧房屋改造资金90000元、面粉4000千克、棉被160条；大病救助16人、共计50658元；安装康复器材17套，为残疾人捐赠轮椅7辆，安装假肢4例。组织向青海玉树地震灾区捐款活动，捐款总计639376元。组织开展慈善日捐款活动，捐款总计249099元。

2011年，发放临时救济款80500元、危旧房屋改造资金52900元、面粉4500千克、棉被180条；大病救助20人、共计103113元；安装假肢4例，为残疾人捐赠轮椅14辆。组织开展慈善日捐款活动，捐款总计176150元。

2012年，发放临时救济款22900元、危旧房屋资金81000元、面粉4930千克、棉被426条；为残疾人捐赠轮椅、助听器等器材15件。组织开展慈善日捐款活动，捐款总计83860元。

2013年，发放精神病医疗救助款15800元，危旧房屋改造资金96000元、面粉5430千克、棉被144条；安装无障碍扶手5户，为残疾人配发轮椅、助听器等器材19件，为20名贫困重残家庭开展“阳光家园”居家托养服务，组织100名残疾人参加就业培训。组织开展慈善日捐款活动，捐款总计150250元。

2014年，为20名残疾人发放轮椅，为辖区245名持证残疾人办理交通人身意外伤害保险。组织开展慈善日捐款活动，捐款总计162750元。

2015年，为4名肢体残疾人安装了假肢，为18名残疾人发放轮椅，为辖区245名持证残疾人办理交通人身意外伤害保险，为40名贫困残疾人发放免费体检卡，为重度残疾人发放特殊生活补贴652600元。组织开展慈善日捐款活动，捐款总计247900元。

2016年，为2名残疾人发放轮椅，为40名贫困残疾人发放免费体检卡，为辖区重度残疾人发放特殊生活补贴1037700元，为贫困和重度残疾人发放生活、护理两项补贴208100元。组织开展慈善日捐款活动，捐款总计286000元。

2017年，为辖区残疾人发放辅助器具25件，为72名残疾人办理“关爱卡”，为重度残疾人发放特殊生活补贴1606200元，为辖区困难和重度残疾人发放生活、护理两项补贴332400元。组织开展慈善日捐款活动，捐款总计746100元。

2018年，为辖区残疾人发放辅助器具22件，为重度残疾人发放特殊生活补贴2058900元。组织开展慈善日捐款活动，捐款总计1240000元。

2019年，为辖区残疾人发放辅助器具32件，为57名残疾人办理“关爱卡”，为辖区重度残疾人发放特殊生活补贴2571500元，为辖区困难和重度残疾人发放生活、护理两项补贴399200元。组织开展慈善日捐款活动，捐款总计1042600元。

2020年，为辖区残疾人发放辅助器具15件，建成残疾人康复站1处，为辖区重度残疾人发放特殊生活补贴2160300元，为辖区困难和重度残疾人发放生活、护理两项补贴317900元。组织开展慈善日捐款活动，捐款总计624000元。

2021年，为辖区残疾人发放辅助器具44件，为25名残疾人办理“关爱卡”，建成残疾人康复站1处，为辖区重度残疾人发放特殊生活补贴2305340元，为辖区困难和重度残疾人发放生活、护理两项补贴334420元。组织开展慈善日捐款活动，捐款总计1438379元。

2022年，为辖区残疾人发放辅助器具57件，为7名残疾人办理“关爱卡”，为辖区重度残疾人发放特殊生活补贴2735260元，为辖区困难和重度残疾人发放生活、护理两项补贴362340元。组织开展慈善日捐款活动，捐款总计646037.76元。

低保扶贫

2005年12月，辖区有低保户218户270人，全年共发放低保金132948元。

2006年12月，辖区有低保户245户298人，全年共发放低保金174450元。

2007 年 12 月，辖区有低保户 268 户 315 人，全年共发放低保金 259410 元。

2008 年 12 月，辖区有低保户 269 户 473 人，全年共发放低保金 405595 元。

2009 年 12 月，辖区有低保户 318 户 622 人，全年共发放低保金 754370 元。

2010 年 12 月，辖区有低保户 404 户 763 人，全年共发放低保金 1137395 元。

2011 年 12 月，辖区有低保户 426 户 853 人，全年共发放低保金 1832842 元。

2012 年 12 月，辖区有低保户 317 户 579 人，全年共发放低保金 2185599 元。

2013 年 12 月，辖区有低保户 310 户 587 人，全年共发放低保金 2091521 元。

2014 年 12 月，辖区有低保户 236 户 418 人，全年共发放低保金 1830356.60 元。

2015 年 12 月，辖区有低保户 164 户 246 人，全年共发放低保金 1474462.80 元。

2016 年 12 月，辖区有低保户 117 户 173 人，全年共发放低保金 1059073.00 元。

2017 年 12 月，辖区有低保户 85 户 123 人，全年共发放低保金 792250.80 元。

2018 年 12 月，辖区有低保户 81 户 121 人，全年共发放低保金 726754.80 元。

2019 年 12 月，辖区有低保户 73 户 107 人，全年共发放低保金 726111.10 元。

2020 年 12 月，辖区有低保户 59 户 99 人，全年共发放低保金 837659.94 元。

2021 年 12 月，辖区有低保户 52 户 83 人，全年共发放低保金 625000.00 元。

2022 年 12 月，辖区有低保户 37 户 59 人，全年共发放低保金 483334.10 元。

社会保险

2006 年，推广实行新型农村合作医疗（新农合），当年参保率达 85%。

2007 年，新农合参保率达 98.10%；推进覆盖城乡户籍全体居民的养老保险制度，辖区年满 60 周岁老年人参保率达 81%。

2008 年，新农合参保率达 99.10%；城乡居民养老保险新参保 893 人，辖区年满 60 周岁老年人参保率达 100%。

2009 年，新农合参保率达 99.40%；城乡居民养老保险参保新增 809 人。

2010 年，新农合参保率达 99.40%；城乡居民养老保险参保新增 2738 人。

2011 年，新农合参保率达 99.50%；城乡居民养老保险参保新增 1363 人。

2012 年，新农合参保率达 99.50%；城乡居民养老保险参保新增 1155 人。

2013 年，新农合参保率达 99.40%；城乡居民养老保险参保新增 446 人。

2014 年，新农合参保率达 99.50%；城乡居民养老保险参保新增 396 人。

2015 年，新农合参保率达 99.20%；城乡居民养老保险参保新增 929 人。

2016 年，新农合参保率达 98.10%；城乡居民养老保险参保新增 342 人。

2017 年，郑州市整合新型农村合作医疗和城镇居民基本医疗保险两项制度，实施统一的城乡居民基本医疗保险制度，城乡居民医疗保险参保 30950 人；城乡居民养老保险参保新增 460 人。

2018 年，城乡居民医疗保险参保 33450 人，参保新增 2164 人；城乡居民养老保险参保新增 521 人。

2019 年，城乡居民医疗保险参保 48016 人，参保新增 5855 人；城乡居民养老保险参保新增 746 人。

2020 年，城乡居民医疗保险参保 32056 人，参保新增 1365 人；城乡居民养老保险参保新增 369 人。

2021 年，城乡居民医疗保险参保 32614 人，参保新增 261 人；城乡居民养老保险参保新增 350 人。

2022 年，城乡居民医疗保险参保 27947 人，参保新增 175 人；城乡居民养老保险参保新增 370 人。

就业服务

2007 年，开展水果、蔬菜种植技术、市场营销和电脑技能等培训班 6 期，培训 445 人；转移农村劳动力 658 人。

2008 年，开展种植养殖技能、电脑技能、汽车驾驶、市场营销等培训班 9 期，培训 228 人；转移农村劳动力 655 人。

2009 年，开展汽车驾驶、电脑技能等培训班 7 期，培训 354 人；转移农村劳动力 656 人。

2010 年，开展电工、创业技能等培训班 2 期，培训 367 人；转移农村劳动力 850 人。

2011 年，开展汽车驾驶、物业管理、创业技能等培训班 3 期，培训 208 人；转移农村劳动力 795 人。

2012 年，开展电工、创业技能等培训班 2 期，培训 160 人；转移农村劳动力 755 人。

2013 年，开展电工、厨师技能等培训班 2 期，培训 185 人；转移农村劳动力 650 人。

2014 年，开展电工、焊工技能等培训班 2 期，培训 120 人；转移农村劳动力 675 人。

2015 年，开展月嫂、厨师和创业技能等培训班 3 期，培训 180 人；转移农村劳动力 446 人。

2016 年，开展电工和汽车驾驶、中餐、物业技能等培训班 4 期，培训 160 人；转移农村劳动力 461 人。

2017 年，开展烘焙、厨师、电工技能等培训班 5 期，培训 210 人；转移农村劳动力 433 人。

2018 年，开展厨师、美容、创业技能等培训班 4 期，培训 240 人；转移农村劳动力 201 人。

2019 年，开展厨师、烘焙、物业管理和创业技能等培训班 7 期，培训 266 人；转移农村劳动力 122 人。

2020 年，开展厨师、烘焙、月嫂、美容和物业管理技能等培训班 13 期，培训 644 人；转移农村劳动力 88 人。

2021 年，开展插花、厨师、烘焙和物业管理技能等培训班 4 期，培训 200 人；转移农村劳动力 70 人。

2022 年，开展插花、厨师、烘焙、视频剪辑等培训班 4 期，培训人员 176 人；转移农村劳动力 55 人。在席村成立管城区零工市场，为短期求职者和用工企业搭建用工平台。

20 世纪 90 年代南曹乡技能培训班　南曹街道办事处　供图

2021 年度中式烹调技能培训班　南曹街道办事处　供图

举办插花培训班　南曹街道办事处　供图

离退休管理

2003年，成立南曹乡离退休人员社会化服务管理所，购置计算机等办公设施，承担辖区企事业单位离退休人员社会化管理服务工作。

2005年，企业职工进行属地管辖分配，接管市属企业退休职工36人，共有离退休人员70人。

2006年，对离退休人员的家庭人口、居住条件、身体状况、经济收入进行调查，建档立卡，并将信息录入计算机。

2007年，在春节等节日走访慰问离退休人员。

2008年，多次组织老年人书法比赛，丰富离退休人员晚年生活；为离退休人员发放联系卡。

2009年，组织离退休人员参观张华楼村、李马庄村新农村建设。

2011年，在辖区离退休人员中开展“学党史、忆党恩、跟党走”主题活动、纪念建党90周年征文活动。

2012年，南曹村、小湖村等村成立老年人活动室，配有乒乓球台、象棋等。动员离退休人员成立“关心下一代雷锋团队”走进中小学校园，开展立志成才、心理辅导、行为养成、争做雷锋式好少年系列宣传教育活动。

2013年，走访慰问企业离退休人员52人次，发放面粉、大米、食用油等慰问品。多次组织象棋比赛。

2014年，走访慰问企业离退休人员55人次，发放面粉、大米、食用油等慰问品。为辖区离退休人员办理绿卡通。

2015年，走访慰问企业离退休人员58人次，发放面粉、大米、食用油等慰问品。组织离退休人员参观尚庄村回迁安置小区。

2016年，走访慰问企业离退休人员60人次，发放面粉、大米、食用油等慰问品。为辖区80岁以上离退休人员办理高龄补贴。

2017年，新接收省属企业离退休人员51人。走访慰问企业离退休人员142人次，发放面粉、大米、食用油等慰问品。组织离退休人员参观尚庄村回迁安置小区、潮湖生态公园、十七里河生态廊道。

2018年，走访慰问企业离退休人员145人次，发放面粉、大米、食用油等慰问品。

南曹街道养老中心庆中秋　南曹街道办事处　供图

组织离退休人员开展“我看南曹新面貌”活动，让离退休人员感受南曹乡的变化。

2019 年，走访慰问企业离退休人员 148 人次，发放面粉、大米、食用油等慰问品。举办离退休人员“我看建国 70 年，助力南曹新发展”座谈会，为南曹街道建设建言献策。

2020 年，走访慰问企业离退休人员 152 人次，发放面粉、大米、食用油等慰问品。组织离退休人员通过“豫老云课堂”进行民法典专题学习、观看“弘扬黄河文化，讲好商都故事”系列宣传片等活动。

2021 年，走访慰问企业离退休人员 85 人次，发放面粉、大米、食用油等慰问品。组织离退休人员到中牟县观看“遇见河南”系列宣传片。

2022 年，走访慰问企业离退休人员 92 人次，发放面粉、大米、食用油等慰问品。组织离退休人员到张华楼村实地参观美丽乡村建设。

党建政事

中国共产党郑州市管城回族区南曹街道工作委员会

1970 年 12 月，中国共产党郑州市郊区南曹人民公社第一届党员代表大会召开。

1980 年 8 月，中国共产党郑州市郊区南曹人民公社第二届党员代表大会召开。

1986 年 5 月，中国共产党郑州市郊区南曹乡第三届党员代表大会召开。

1989 年 12 月，中国共产党郑州市管城回族区南曹乡第四届党员代表大会召开。

1992 年 12 月，中国共产党郑州市管城回族区南曹乡第五届党员代表大会召开。

1993 年，南曹乡党委开展“两带一创”活动。“两带”即党组织和党员带领并帮助群众发展商品生产，发展壮大集体经济，共同致富，带领并帮助群众执行党的方针政策，遵纪守法，共同进步；“一创”即创双文明户。

1994 年，南曹乡党委组织完成村党支部和第一届村委会换届工作。

1995 年 12 月，中国共产党郑州市管城回族区南曹乡第六届党员代表大会召开。

南曹党代会老照片　南曹街道办事处　供图

1992 年中共南曹乡第五次代表大会代表投票　南曹街道办事处　供图

1997 年，南曹乡党委开展“学习吴金印、争做吴金印式好干部”活动；组织完成村党支部和第二届村委会换届工作。

1998 年 12 月，中国共产党郑州市管城回族区南曹乡第七届党员代表大会召开。

2000 年，组织完成村党支部和第三届村委会换届工作。

2001 年 12 月，中国共产党郑州市管城回族区南曹乡第八届党员代表大会召开。

2002 年，南曹乡党委、政府制定乡机关事业单位设置和编制意见，乡机关综合设置农业服务中心等 4 个事业单位。

2003 年，组织完成村党支部和第四届村委会换届工作。

2004 年，南曹乡党委开展创建“五好”党支部（支部班子好、党员队伍好、活动开展好、制度建设好、作用发挥好）活动。

2005 年，南曹乡党委落实以培养选拔带头致富能力强、带领群众致富能力强的优秀党员担任村党支部书记为主要内容的“双强工程”；组织完成村党支部和第五届村委会换届工作。

2006 年，南曹乡党委开展党员先进性教育，建设李马庄村等村级组织活动场所；3 月，中国共产党郑州市管城回族区南曹乡第九届党员代表大会召开。

2007年，南曹乡党委推进农村党员干部远程教育平台建设工作。

2008年，南曹乡党委开展“双创双争”（创建学习型党组织、创建学习型领导班子，争当学习型党员、争当学习型干部）活动，开展“讲党性、重品行、做表率”活动；落实《关于2008年推广“大学生村干部”计划的实施方案》，接收大学生村官20名；组织完成村党支部和第六届村委会换届工作。

2009年，南曹乡党委开展“科学理论进基层”活动，推广“四议两公开”工作法和家庭联户代表制度；成立南曹乡党员服务中心，创建“党员心贴心·爱心超市”，是郑州市首家“爱心超市”。

2010年，南曹乡党委开展“党组织、党员双承诺双联系”等系列活动，推进创先争优活动走深走实；加强非公党建。

2011年，南曹乡党委深化创先争优、“党组织、党员双承诺双联系”活动，实施“三亮三比三评”（亮身份、亮职责、亮承诺；比技能、比作风、比业绩；领导点评、党员互评、群众评议）活动；推进基层党组织阵地及党员信息库建设工作；3月，召开中国共产党郑州市管城回族区南曹乡第十届党员代表大会；组织完成村党支部和第七届村委会换届工作。

2012年，南曹乡党委建立全乡党务工作者人才库，推进基层党组织规范化建设，建立南曹乡党员志愿者服务站。开展“携手同行 健康人生”活动，为辖区238名60岁以上农村老党员免费体检。

2013年，南曹乡党委建立每月一次的“党员活动日”制度；推进“百家示范点创建”活动，刘德城村、大湖村党务政务服务大厅为示范点；成立党建办公室，负责党建、宣传、统战等工作。

2014年，南曹乡党委开展“百问百解”（群众百问，网格百解）党建工程；完成14个村党组织和第八届村委会换届工作。

2015年，南曹乡党委健全完善基层便民服务体系，建成刘德城村、席村、野曹村、姚庄村、郎庄村5个村级党务政务服务大厅。

2016年，南曹乡党委积极开展“党建+志愿”服务工作；5月，召开中国共产党郑州市管城回族区南曹乡第十一届党员代表大会。

2017年，南曹乡党委开展“建设国家中心城市我们怎么办”活动；开展“万名党员进党校，商都精神铸忠诚”活动，轮训党员1200余名；开展积极分子培训班1期，培训50人。

2018 年 2 月至 6 月，完成村（社区）党组织和第九届村（居）委会换届工作；开展积极分子培训班 1 期，培训 34 人。

2019 年，南曹乡党委按照一村一方案，一村一特色的标准，建设南曹村、大湖村、小湖村、野曹村、李马庄村、刘德城村、席村、苏庄村、毕河村、尚庄村、七里河村、姚庄村、腾飞路社区、橡树玫瑰城社区共 14 个村级党群服务中心；以张华楼村为试点，探索完善“1315”乡村治理模式，即以党支部为核心，组织党员代表、村民代表、妇女联络员各 1 名，服务联系 15 户村民，打通基层治理服务“最后一米”；12 月 2 日，撤销中国共产党郑州市管城回族区南曹乡委员会，设立中国共产党郑州市管城回族区南曹街道工作委员会。

2020 年，南曹街道党工委组织完成村党组织换届工作；围绕基层党建、城乡接合部综合整治、创卫复审、环保督察、项目建设、为民办实事等中心工作开展“亮承诺、赛实绩、比干劲”活动；轮训党员 811 名；街道全体党员缴纳特殊党费 15.2 万元；开展积极分子培训班 1 期，培训 26 人。

2021 年，南曹街道党工委组织党代表参加中国共产党管城回族区第十二次代表大会；组织完成第十届村委会换届工作。组织开展“扛旗攻坚 为群众办实事”活动，为群众办实事 92 件；扎实推进党史学教活动，拍摄《劳工万岁》情景剧，举办庆祝中国共产党成

庆祝建党一百周年文艺汇演　南曹街道办事处　供图

街道城运中心 南曹街道办事处 供图

立100周年等活动60余次，向119名老党员颁发“光荣在党50年”纪念章；打造郑州市首个“学习强国”主题公园；开展积极分子培训班1期，培训36人。

2022年，南曹街道党工委扎实推进“五星”支部创建，张华楼村党总支被中共河南省委组织部评为2022年度“五星”党支部；建设街、村城运中心，建立网格化管理体系，吸纳党员代表、村民代表、妇女联络员为微网格员，着力实现“一网统管、一管到底”，不断开创党建引领基层社会治理工作新局面；开展积极分子培训班1期，培训49人；截至2022年年底，下设有10个村党组织（4个党委、3个党总支、3个村党支部）、1个机关党总支，共有党员1290名。

管城回族区人大常委会南曹街道工作委员会

1963年9月，南曹人民公社第五届人民代表大会召开。

1980年8月，南曹人民公社第六届人民代表大会召开。

1987年南曹乡第八届人民代表大会全体代表　南曹街道办事处　供图

1984年5月，南曹乡第七届人民代表大会召开。

1987年3月，南曹乡第八届人民代表大会召开。

1990年3月，南曹乡第九届人民代表大会召开。

1993年2月，南曹乡第十届人民代表大会召开。

1996年2月，南曹乡第十一届人民代表大会召开。

1999年3月，南曹乡第十二届人民代表大会召开。

2002年3月，南曹乡第十三届人民代表大会召开。

2003年5月，组织区、乡人大代表视察南曹乡敬老院。

2004年4月，组织区、乡人大代表视察张华楼村科技示范园和潮湖湿地公园。

2005年5月，组织区、乡人大代表到刘南岗视察城中村改造工作；8月，组织区人大代表就辖区道路建设、垃圾中转站建设等工作向区政府提出建议。

2006年，南曹乡人大开通人大工作网站，加强代表与选民的沟通；4月至6月，组织区、乡人大代表围绕辖区农田水利建设、乡村道路建设、非公有制经济发展和安全生产、

1987 年第八届人民代表大会与会代表听取政府工作报告　南曹街道办事处　供图

1987 年第八届人民代表大会审议政府工作报告　南曹街道办事处　供图

农业现代化等工作进行专题调研；5月，组织区、乡人大代表视察张华楼村、席村、尚庄村、毕河村等村；8月，组织区、乡人大代表视察潮湖湿地公园。

2007年1月，南曹乡第十四届人民代表大会第一次会议召开；5月，组织区、乡人大代表视察张华楼村新农村建设、“村村通”公路、张华楼村科技示范园等项目建设工作；8月，组织区、乡人大代表视察潮湖湿地公园和金岱产业集聚区。

2008年1月，南曹乡第十四届人民代表大会第二次会议召开；5月，组织区、乡人大代表视察大湖村新农村建设、刘南岗城中村改造、全国文明城市创建等工作。

2009年3月，南曹乡第十四届人民代表大会第三次会议召开；10月，组织区、乡人大代表视察李马庄村新农村建设工作。

2010年3月，南曹乡第十四届人民代表大会第四次会议召开；10月，组织区、乡人大代表视察南曹乡卫生院新院区。

2011年3月，南曹乡第十四届人民代表大会第五次会议召开；5月，组织区、乡人大代表视察尚庄村城中村改造、南曹村蔬菜大棚种植等工作。

2012年2月，南曹乡第十五届人民代表大会第一次会议召开；6月，组织区、乡人大代表视察苏庄村合村并城项目等工作。

2013年5月，南曹乡第十五届人民代表大会第二次会议召开；6月，组织区、乡人大代表视察金岱李城中村改造、中华路建设、南三环家具市场外迁、张华楼村科技示范园建设等工作。

2014年3月，南曹乡第十五届人民代表大会第三次会议召开；5月，组织区、乡人大代表视察郑州二十九中、南部路网建设等工作。

2015年3月，南曹乡第十五届人民代表大会第四次会议召开；7月，组织区、乡人大代表视察小姚庄合村并城项目，尚庄一、二组安置房建设、南曹乡卫生院基础设施建设等项目。

2016年2月，南曹乡第十五届人民代表大会第五次会议召开；10月，组织区、乡人大代表到阳光城社区、管城三中、小湖村微型消防站、南曹乡卫生院等处视察工作。

2017年2月，南曹乡第十六届人民代表大会第一次会议召开；8月，组织区、乡人大代表到七里河农贸市场、轨道4号线果园南路站、尚庄安置区、小姚庄安置区及潮湖湿地公园视察“双迎”攻坚、村民安置、大气污染防治、生态建设等工作；10月，组织区、乡人大代表视察南曹乡卫生院、四环周边环境整治、十七里河生态廊道建设等工作；建设南曹乡“人大代表之家”。

2003年9月，郑州市区划调整，南曹乡辖南曹、大湖、野曹、张华楼、李马庄、毕河、刘德城、席村、苏庄、小湖、郎庄、姚庄、尚庄、七里河等14个行政村。

2018年1月，南曹乡撤乡划分为南曹、金岱两个街道办事处；南曹街道办事处辖小湖、南曹、苏庄、刘德城、席村、毕河、野曹、大湖、张华楼、李马庄等10个村委会。

南曹街道办事处是管城回族区政府的派出机构，隶属于郑州市管城回族区政府，在辖区内行使政府的职能。

政协管城回族区南曹街道办事处工作委员会

1986年，南曹乡成立区政协委员联络组。

2004年，驻乡区政协委员走访调研辖区“三农”问题。

2006年，驻乡区政协委员围绕南曹“三农”问题、新型医疗合作制度、农村教育“两免一补”等方面，向管城回族区政协提出建议和意见11条。

2007年，驻乡区政协委员围绕南曹乡道路维修、违章建筑、环境卫生等方面，向管城回族区政协提出建议和意见8条。

2008年5月，组织驻乡区政协委员视察辖区农村安全饮水工程、城市建设、市政管理、张华楼村科技示范园建设等工作。

2009年6月，组织驻乡区政协委员开展辖区专题调研视察、扶贫帮困等活动。

2010年3月，驻乡区政协委员就辖区经济增长、教育医疗、新农村建设等工作，向乡政府提出建议和意见7条。

2011年5月，组织驻乡区政协委员视察新农村建设和南曹乡卫生院新院区。

2012年6月，组织驻乡区政协委员视察苏庄合村并城项目和郑新快速路生态廊道建设等工作。

2013年，组织开展驻乡区政协委员“三进三送”活动（进校园、进社区、进企业，送知识、送文化、送温暖），围绕群众关注的热点问题向乡政府提出建议和意见9条。

2014年5月，组织驻乡区政协委员视察辖区中华路、浔江中路、紫辰路等道路建设项目。

2015年7月，组织驻乡区政协委员视察小姚庄合村并城项目，尚庄一、二组安置房建设项目等工作。

2016年9月，组织驻乡区政协委员视察南曹乡卫生院、管城三中。

2017年5月，组织驻乡区政协委员视察辖区南水北调中线工程、学校食堂食品安全、水污染防治等工作；建设南曹乡“政协委员之家”。

2018年6月，组织驻乡区政协委员视察十七里河生态廊道项目建设工作。

2019年2月，组织驻乡区政协委员走访退休党员、干部。

2020年1月，政协管城回族区南曹街道办事处工作委员会成立；5月，驻街道政协委员参加政协郑州市管城回族区第九届委员会第四次会议；6月，组织驻街道政协委员视察城乡接合部综合改造、张华楼村美丽乡村建设项目等工作。

2021年2月，组织驻街道政协委员参加政协郑州市管城回族区第九届委员会第五次会议；7月，组织驻街道政协委员视察张华楼村美丽乡村建设等工作。

2022年6月，组织驻街道政协委员参加政协郑州市管城回族区第十届委员会第一次会议；组织驻街道政协委员到郑州市肛肠医院新院区、郑州外国语中学拟选址地块及南曹教堂调研。

群团组织

工　会　1998年，成立南曹乡工会联合委员会。自成立以来，工会把加强基层工会工作作为重点，通过开展各类活动，加强辖区工会组织建设，开展对职工的业务素质和职业道德教育培训，维护职工的合法权益。指导企业建立工会组织、企业工会与企业签订《区域性集体合同》《女职工特殊权益保护区域性专项集体合同》，保障职工利益。开展工会职工活动室建设，组织开展职工书画展览文化周、趣味文体比赛、征文、读书分享会等活动。2006年，辖区14个行政村全部建立了村级工会联合委员会。2010年，张华楼村农民工书屋被评为省级工会“职工书屋”。新时代以来，开展“关爱行动”“金秋爱心助学”等活动，关心关爱困难职工女职工、困难职工子女；在春节、端午、中秋等节日前夕，开展职工关爱慰问活动；开展“关怀一线环卫工人，夏日送清凉”“创建学习型组织，争做知识型职工”劳动竞赛等活动，落实职工关怀，促进职工发展；开展“书香三八”读书征文活动，推动书香家庭、书香社会建设。2020年，改为南曹街道工会联合委员会。组织“和你在一起”职工志愿服务活动，开展《把一切献给党》读书分享系列活动。2021年，推荐4名大学生报考由中国劳动关系学院在全国工会系统内定向培养公共管理硕士（MPA）专业学位研

职工趣味运动会　南曹街道办事处　供图

“书香三八”读书活动　南曹街道办事处　供图

究生。2022 年，开展“非遗团扇送清凉”“绽放非遗精彩 传承非遗瑰宝”进社区等活动。截至 2022 年年底，南曹街道共有工会 18 家，会员 4341 人。

共青团　1955 年，成立中国新民主主义青年团南曹乡总支部委员会。1957 年，改为中国共产主义青年团南曹乡总支部委员会。1983 年，改为中国共产主义青年团南曹乡委员会（简称南曹乡团委）。2020 年，更名为南曹街道团工委。街道团工委组织各类健康有益的文娱活动，如开展文化周、诗歌朗诵比赛、预防青少年违法犯罪宣传周、读书分享会、主题团日等活动。推进青年志愿者行动，各村团支部成立了志愿者服务站，1000 余名团员注册志愿者并加入志愿者服务队。2021 年，新建非公团支部 25 个，基层团组织结构更加坚实。2022 年，新建团支部 20 个，带领青年常态化开展志愿服务 50 余场。2022 年年底，南曹街道共有村级团支部 50 个、非公企业团支部 10 个、机关团支部 2 个、学校团支部 2 个，团员 1060 名。

共青团郑州市郊区第四次代表大会南曹乡与会代表
南曹街道办事处　供图

妇　联　1955 年，南曹乡妇女联合会成立。1961 年，辖区各村成立妇女代表大会。1991 年起，村妇女代表大会主任一般担任村委委员。进入 21 世纪以来，乡妇联在“三八”国际妇女节，开展“五好文明家庭”“敬老好儿女”“巾帼致富能手”等评选活动，同时组织机关女职工开展文体活动。2013 年以来，开展“两癌”救助和贫困妇女大病救助活动。2017 年，完成南曹乡妇女联合会换届工作。2018 年，完成辖区各村妇女代表大会改建妇女联合会工作，并完成村妇联换届工作。2020 年，南曹街道妇女联合会成立。2021 年，开展特殊妇女、儿童的慰问活动；开展“两筛”免费筛查宣传活动，组织 503 名农村女性参加“两癌”筛查；开展绿色家庭创建活动，创建郑州市“美丽庭院”示范户 6 户；建立村级妇女儿童维权站 10 个。2022 年，开展特殊妇女、儿童的慰问活动；开展“美丽庭院”创建工作，创建郑州市“美丽庭院”示范户 7 户；组织 456 名适龄农村女性参加“两癌”免费筛查；完成街道、村妇联换届工作。

1994—2022年南曹街道获得的部分市级以上荣誉

奖项	颁发单位	颁发时间
1994年度社会治安综合治理先进单位	中共郑州市委　郑州市人民政府	1995年
1997年度土地开发复垦先进集体	郑州市人民政府	1997年
1999年度土地整理工作先进单位	郑州市人民政府	1999年
郑州市农业综合开发工作先进单位	中共郑州市委　郑州市人民政府	2002年
2002年度农田水利基本建设先进乡镇	郑州市人民政府	2003年
2003年度造林绿化先进单位	郑州市人民政府	2003年
既往有偿献血者普查工作先进集体	中共郑州市委　郑州市人民政府	2004年
2005年度郑州市造林绿化工作先进单位	郑州市人民政府	2006年
全省先进基层党校	中共河南省委宣传部	2008年
河南省文明村镇	中共河南省委　河南省人民政府	2013年
2013年度郑州市新型城镇化建设“十快”乡（镇）	中共郑州市委　郑州市人民政府	2014年
2014年度郑州市新型城镇化建设十强乡镇	中共郑州市委　郑州市人民政府	2015年
河南省文明村镇	中共河南省委　河南省人民政府	2016年
2015—2018年度水利建设中州杯竞赛先进乡镇	郑州市人民政府	2019年
2018年度新型城镇化先进乡（镇）街道	中共郑州市委　郑州市人民政府	2019年
2018年度共建健康河南先进单位	中国安全健康教育网河南站　河南全民健康促进会	2019年
第十一届全国少数民族传统体育运动会筹办工作集体三等功	中共郑州市委　郑州市人民政府	2019年
河南省文明村镇	中共河南省委　河南省人民政府	2019年
2019年度新型城镇化工作先进乡（镇）街道办	中共郑州市委　郑州市人民政府	2020年
河南省城乡居民两险集中征收工作优秀单位	国家税务总局河南税务局　河南省人力资源和社会保障厅　河南省医疗保障局	2020年
郑州市先进基层党组织	中共郑州市委	2021年
全市铁路沿线环境安全整治工作先进集体	郑州市人民政府	2022年
先进基层武装部	中共郑州市委　郑州市人民政府　郑州市警备区	2022年

基础设施

LOCAL RECORDS OF NANCAO

对外交通

铁 路

京广铁路 在辖区自北向南途经苏庄村、小湖村、席村、张华楼村、毕河村、大湖村等6个村，长度为7.20千米。

京广高铁 在辖区自北向南途经南曹村、野曹村、张华楼村、大湖村等4个村，长度为5.20千米。2008年开工建设，2013年正式运营。

徐兰高铁 在辖区内途经小湖村，长度为1.90千米。2009年开工建设，2013年9月正式运营。

郑万高铁 在辖区内途经南曹村，长度为0.75千米。2017年开工建设，2019年12月正式运营。

京广铁路 马健 摄

京广高铁　马健　摄

徐兰高铁　马健　摄

郑万高铁　马健　摄

郑州南站　原小李庄火车站，位于辖区小湖村南部，隶属于中国铁路郑州局集团有限公司。1917 年建成并投入使用。2000 年之前，为客货运兼营的四等站。2000 年，升级为三等站，有 2 站台和 7 条货运业务专用线。2016 以来，年均发货量约 650 万吨、到货量约 1350 万吨。2018 年，规划建设小李庄客站。2021 年 5 月，规划设计方案确定，为 8 站台 17 线。2022 年 6 月，更名为郑州南站，并启动建设。

郑机城际铁路南曹站　马健　摄

郑机城际铁路南曹站 位于辖区南曹村与郑州市经济技术开发区交界处，建成于2015年12月，为三等站，站场规模为2站台、4股道，站房建筑面积3000平方米。

公　路

郑州机场高速公路 郑州市区至新郑国际机场的高速公路。郑州机场高速公路在辖区自北向南途经南曹村、野曹村，长度为1.60千米。1994年，郑州机场高速公路（京港澳国家高速公路郑州至新郑段）开工建设，双向四车道。2014年，该道路双侧扩建工程启动，改为双向八车道，并在辖区内南曹村设立收费站。

郑州西南绕城高速公路 在辖区内自东向西途经张华楼村、毕河村、席村、刘德城村等4个村，长度为6千米，双向八车道。2002年6月开工建设，2005年8月建成通车。

G310国道 在辖区内自东向西途经张华楼村、毕河村、席村、刘德城村等4个村，长度为5.90千米，全程高架设计。2018年4月开工建设，南曹段2022年12月建成通车。

郑州机场高速公路郑州南站 位于辖区南曹村，占地面积0.12平方千米，为郑州市东南部主要出入口。2010年，因建设南三环郑州机场高速公路互通立交将收费站南移至南曹村，2012年12月正式启用。截至2022年年底，有车道24个，其中ETC车道20个。

郑州机场高速公路　马健　摄

郑州西南绕城高速公路与 G310 国道　马健　摄

郑州机场高速公路郑州南站　马健　摄

郑州西南绕城高速公路互通公交及轩辕故里站　马健　摄

郑新快速路与郑州西南绕城高速公路互通立交及轩辕故里站　位于辖区刘德城村与新郑市交界处，郑州市南部主要高速出入口之一。2011 年开工建设，2013 年 3 月建成，2014 年收费站投入使用。截至 2022 年年底，有车道 12 个，其中 ETC 车道 8 个。

中华路与郑州西南绕城高速公路互通立交及东三环南站　位于辖区席村，郑州市南部主要高速出入口之一。2014 年开工，2017 年建成并投入使用。截至 2022 年年底，有车道 10 个，其中 ETC 车道 8 个。

中华路与郑州西南绕城高速公路互通立交及东三环南站　马健　摄

市政设施

城市道路

S102 郑新快速路 为郑州市至新郑市的一条古道。途经辖区苏庄村，长度为 1.55 千米。中华人民共和国成立前，该路为土路，只能单行 1 辆马车。中华人民共和国成立初期，修整为渣土路，宽约 7 米。1964 年，路面硬化铺油，宽 12 米。1998 年，拓宽至 20 米。2010 年，重修扩建，拓宽至 50 米。2012 年，建成通车。

X015 郑尚线 东起中牟县郑庵村，西至金岱街道办事处中州大道，是郑州通往中牟、尉氏等地的交通要道。自东向西途经辖区野曹村、南曹村，长度为 4.24 千米。中华人民共和国成立初期，修整为渣土路。1975 年，路面硬化铺油，宽 7 米。1994 年，拓宽至 31 米，分快、慢车道，快车道为双向四车道，慢车道与人行道之间设有花坛。2007 年，道路重修，宽度未变。2013 年，郑尚线中华路至中州大道段再次拓宽至 50 米。2015 年年初，基本建成通车。2016 年年底，控制性节点下穿徐兰高铁工程建成，全线通车，命名为金岱路。金岱路在辖区内途经南曹村、小湖村，长度为 2.32 千米。2021 年，郑尚线中华路至野曹村段重修通车。

S102 郑新快速路 马健 摄

浔江中路　南曹街道办事处　供图

浔江中路　郑新快速路至中华路。浔江中路在辖区内自东向西途经南曹村、小湖村、苏庄村等3个村，长度5.15千米。中华人民共和国成立初期为土路；1978年，建成柏油路；1994年，重修拓宽为双向四车道。2013年重修，拓宽至45米，双向八车道。2015年，金岱路至紫辰路段2.52千米建成通车。2018年年初，强国路至郑新大道段2.03千米建成通车。紫辰路至强国路段约0.60千米，为下穿京广铁路隧道，2016年6月施工，2019年12月建成通车。

南四环　原为G107南延线，途经辖区小湖村，长度为0.80千米。2004年9月建成通车，路基宽20米，2011年更名为南四环。2017年7月，郑州

南四环　马健　摄

市启动四环快速化工程，2017 年 12 月，开始施工，2020 年 6 月，南曹段建成通车。

中华路 在辖区内自北向南途经南曹村、小湖村、席村、毕河村等 4 个村，长度为 7.20 千米，路基宽 45 米，双向八车道。辖区南曹村与经济技术开发区界至郑州西南绕城高速公路段，2013 年 4 月开工建设，2018 年建成通车；郑州西南绕城高速公路至新郑市界段，2016 年 1 月开工建设，2018 年建成通车。

紫辰路 郑州市东南出入市口主要道路之一。在辖区途经小湖村、李马庄村、南曹村、野曹村等 4 个村，长度为 3.19 千米，路基宽 53 ~ 56 米，双向十车道。南四环至中华路段，2014 年开工建设，2016 年 5 月通车。

中华路 吴书林 摄

紫辰路　南曹街道办事处　供图

拥军路　金岱路至京广铁路，南北走向，长 2.20 千米。原为土路，1991 年，建成柏油路。2012 年，重建，双向四车道。

富盛路　金岱路至紫辰路，南北走向，长 1.90 千米，2016 年建成，双向六车道。

豫六路　强国路至环翠路，南北走向，长 1.86 千米，2016 年建成，双向六车道。

商达路　中华路至环翠路，东西走向，长 2.67 千米，2016 年建成，双向八车道。

强国路　浔江中路至豫六路，南北走向，长 1.47 千米，2017 年建成，双向六车道。

富盛路　南曹街道办事处　供图

安国路 浔江中路至延祥路，南北走向，长 0.94 千米，2020 年建成，双向四车道。

裕国路 浔江中路至延祥路，南北走向，长 0.97 千米，2020 年建成，双向八车道。

延祥路 郑新快速路至强国路，东西方向，长 2.25 千米，2020 年建成，双向四车道。

延庆路 郑新快速路至强国路，东西方向，长 2.10 千米，2020 年建成，双向四车道。

南曹路 商达路至浔江中路，南北方向，长 1.50 千米，2020 年建成，双向八车道。

豫五路 中华路至富盛路，东西方向，长 1.10 千米，2021 年建成，双向八车道。

乡村道路 20 世纪 90 年代前，辖区乡村道路多为土路。20 世纪 90 年代后，大力实施“村村通”工程，先后建设了 20 余条道路，长度约为 58 千米，实现了辖区道路“村村通”。同时，铺设各村村内主次道路（以水泥路为主）100 余千米，实现了硬化道路通组入户，群众出行更加方便。2012 年以来，随着新型城镇化建设步伐加快，辖区市政道路建设迅速，部分乡村道路改建或弃用。

南曹街道办事处县乡道路统计表

道路名称	道路简称	辖区起止	路段里程（千米）	路段路面类型	路面宽度（米）	车道分类	建成时间（年）	最近改建时间（年）
X015 郑庵－尚庄村	郑尚线	管城区中牟县交界－中华路	4.24	沥青混凝土	8.50	双车道	1975	2021
X012 圃田乡－郑州生物药厂	圃生线	中华路－管城区经开区交界	3.21	沥青混凝土	7.00	双车道	1982	2022
Y008 野曹村－小魏庄	野小线	野曹村－小魏庄	5.14	水泥混凝土	5.00	单车道	1994	2006
Y010 张华楼村－毕河村	张毕线	张华楼村－毕河桥	3.50	水泥混凝土	5.00	单车道	1999	2006
Y010 崔庄－小郑庄	崔郑线	中华路－Y010 南北段	1.43	沥青混凝土	7.00	双车道	1999	2006
Y010 小郑庄—刘德城	郑刘线	Y010 东西段－商达路	1.20	沥青混凝土	6.00	双车道	1999	2015
Y020 刘德城村南－郎庄村西	刘郎线	刘德城村南－豫六路	2.40	水泥混凝土	4.50	单车道	1992	2015
Y024 八郎寨 X012－石化部	八石线	豫六路至商达路	1.10	沥青混凝土	7.00	双车道	2005	2020
C047 野曹－张华楼	野张线	野曹村－张华楼村	1.84	沥青混凝土	8.00	单车道	2010	2020

辖区道路“村村通”工程　马健　摄

城市桥涵

十七里河京广铁路桥　位于小湖村西南，全长 60 米，7 个主孔，每孔跨径 8 米，桥面宽 12 米，高 5 米，下部由 12 个钢筋混凝土柱墩台组成。该桥北有老桥遗迹，主墩台由红色花岗岩砌成。

中华路上跨京广铁路桥　全长 1100 米，桥面宽 45 米，高 15 米，最大跨度 660 米。2013 年开工建设，2018 年建成通车。

郑新快速路南水北调彩虹桥　位于苏庄村南，全长 235 米，桥面宽 60 米，高 38 米。2010 年开工建设，2012 年建成通车。

G310 国道南水北调特大桥　位于席村南，全长 815.1 米，双肢 V 型索塔单索面部分斜拉桥，桥面宽 34.50 米，长 330 米。采用一级公路标准，设计时速 100 千米 / 小时，双向六车道。2017 年 6 月开工建设，2021 年 6 月建成通车。

G310 国道京广铁路特大桥　位于张华楼村西北，全长 33 米，桥面宽 33.50 米，桥高 8.30 米。采用一级公路标准，设计时速 100 千米 / 小时，双向六车道。2017 年 6 月开工建设，2021 年 6 月建成通车。

中华路上跨京广铁路桥　马健　摄

郑新快速路南水北调彩虹桥之一　马健　摄

郑新快速路南水北调彩虹桥之二 马健 摄

G310 南水北调特大桥 马健 摄

浔江中路下穿京广铁路涵洞 马健 摄

京广铁路涵洞 2000年以前，京广铁路与辖区公路多是平交路口，仅有小侯庄、棘针林两处涵洞，涵洞窄且低。小侯庄涵洞始建于1939年，全长15米，宽3.30米，高2.20米。21世纪初，相继开通了棘针林、王司李等涵洞9处。2019年建成的浔江中路下穿京广铁路涵洞方便群众出行。

城市排水

南曹街道办事处所在地周边区域（北至南四环、南至紫辰路、北至中华路）的生活污水通过浔江中路、金岱路管网向东经南曹村北防汛排涝箱涵排入经济技术开发区污水管网。街道西南部的苏庄村、刘德城村及小湖村部分区域的生活污水排入十七里河雨污管网。街道东南部的毕河村、大湖村、张华楼村、野曹村、席村等村建有农村污水处理站点处理生活污水。

郑州市南曹污水处理厂 位于中华路、郑州机场高速公路、潮河、浔江中路围合区域，服务范围为南水北调中线干渠以北、南四环以南、潮河以西、尖岗水库以东区域，服务面积约145平方千米，总设计规模25万吨/日。该厂采用“预处理+生物处理+二次沉淀+

气浮除磷 + 过滤 + 活性焦吸附 + 消毒”工艺，最终尾水排入潮河。出水水质主要指标达到河流地表水Ⅲ类水体标准。项目一期占地面积 94805 平方米，规模处理污水 10 万吨 / 日。一期工程于 2020 年 4 月开工建设，2022 年 11 月主体建成。

公用设施

公共交通

1998 年 10 月，郑州公交车 323 路西线开通，运行站点为郑州市第三人民医院至辖区毕河村。2017 年 11 月停运。

2001 年 4 月，郑州公交车 13 路延伸至辖区苏庄村，运行站点为郑州火车站至辖区苏庄村。

2008 年 8 月，郑州公交车 323 路东线开通，运行站点为郑州市第三人民医院至辖区大湖村。2017 年 11 月停运。

2019 年 2 月，郑州公交车 212 路开通。运行站点为花寨公交站至辖区毕河村安庄。2020 年 9 月，运行站点调整为航海路紫荆山路站至辖区毕河村安庄。

710 路公交车 马健 摄

2021年7月1日，郑州公交车705路开通。运行站点为姚庄公交站至郑新快速路智慧路，途经辖区金岱路、拥军路、浔江中路、郑新快速路。

2021年7月15日，郑州公交车710路开通。运行站点为姚庄公交站至辖区大湖村，途经辖区金岱路、郑尚线、一通路、X016、和谐大道。

供　水

20世纪90年代之前，辖区居民用水来源主要为井水。20世纪90年代末起，完成农村“安全饮水工程”，共建深水井40余眼及管网280余千米，解决了居民饮水安全问题。2013年以来，辖区自来水管网建设11.2千米，目前辖区部分居民用上了郑州市自来水公司统一供应的自来水。

供　电

辖区因有小李庄火车站，20世纪30年代末已实现通电。但是居民用电接通较晚，1960年2月开始大批量架设电线设备。1965年，实现全乡通电，以照明为主。1988年，建设金岱李110千伏变电站。1998年，开展电网改造，照明用电和动力电分开。2002年，完成电网改造，共建变压器493个，容量104880千伏安，高压线路144.4千米、低压线路106.6千米。2019年，在辖区苏庄村建设明珠路110千伏变电站。

供　气

2013年以来，辖区铺设天然气管网11.5千米，由郑州华润燃气股份有限公司为辖区供气，服务能力30000户。截至2022年年底，苏八佳苑等新建小区全部开通天然气。

供　热

2019年7月，郑州市热力总公司裕中热电厂百万机组引热入郑供热管网工程开工建设，在辖区内自南向北途经毕河村、席村、李马庄村、小湖村、南曹村，铺设管网18千米，供热能力 1200MW，供热面积 2600 万平方米。中华路与紫辰路附近设有隔压站，占地面积 21257 平方米。截至 2021 年 6 月底，郑州市热力总公司裕中热电厂百万机组引热入郑供热管网工程管网全部铺设完成，隔压站建成。同时，2022 年，浔江中路及紫辰路供热管网建设完成。

环卫设施

2004 年，在七里河村、小湖村等村建成 5 座垃圾中转站。

2006 年，新增摆臂式垃圾车 1 辆。

2007 年，在南曹村等村建成 3 座垃圾中转站。

2008 年，在席村等村建成 6 座垃圾中转站，实现辖区村庄全覆盖。

2009 年，新增保洁三轮车 4 辆、垃圾箱 6 个。

2010 年，新增保洁三轮车 8 辆、垃圾箱 2 个，在苏庄村二十里铺建成垃圾中转站 1 座。

2011 年，新增保洁三轮车 10 辆、垃圾中转箱 2 个。

2012 年，新增垃圾中转箱 10 个、垃圾箱 6 个、保洁三轮车 2 辆。

2013 年，成立环卫所，建立农村环卫保洁队伍，共有环卫工 413 人。

2014 年，新增勾臂式垃圾车 1 辆。

2015 年，新增勾臂式垃圾车 1 辆、洗扫车 2 辆、洒水车 2 辆、保洁三轮车 34 辆。

2016 年，在辖区富盛路建成垃圾中转站、公厕各 1 座。

2017 年，新增电动垃圾作业车 4 辆、洒水车 1 辆、垃圾桶（箱）280 个。

2018 年，更换垃圾桶（箱）56 个。

2019 年，在二十里铺村、张华楼村建成公共厕所 3 座；在于庄、安庄等 15 个自然村各建成移动公共厕所 1 座，共 15 座。新增洗扫车 2 辆。

2020 年，建成移动公共厕所 15 座、垃圾分类箱房（亭）19 座、垃圾中转站 5 座。新增果皮箱 94 个、四分类垃圾桶 539 个。

2021 年，建成垃圾中转站 3 座、公共厕所 8 座、垃圾分类箱房 8 座。

2022 年，建成垃圾分类箱房 10 座、垃圾分类亭 10 座。

苏庄环卫中转站　马健　摄

垃圾分类箱房　马健　摄

生态建设

美丽乡村建设

张华楼村

张华楼村是管城回族区2020年度美丽乡村建设示范村、郑州市2021年度美丽乡村建设示范村、河南省2022年度“五星”党支部、河南省2022年农村人居环境集中整治行动先进单位。张华楼村按照“田园牧歌，诗意栖居”的发展定位，推进管网通畅、管道入地、道路升级、线网规整，加强基础设施投入，补齐民生短板，加速村容村貌旧貌焕新，改善人居环境。2019年12月底，完成环境整治。2020年3月，美丽乡村建设项目开工建设。铺设雨污水、给水、弱电等管道各6000多米，整修道路6130米；改造房屋立面320户15万余平方米，新建蝶变广场、二十四节气广场等公园3个，打造杏花微雨、山楂秋韵、幽香丹桂等主题文化小巷5条，营造烟雨江南的诗意村庄；修建4万余平方米的游园广场，建有篮球场、公厕等配套设施，新建老年康养中心1个、村卫生所1个、小型污水处理厂1个，村民幸福感获得感增强。突出党建引领，充分发挥党员先锋模范、村民代表示范带头和妇女联络员亲近群众的作用，有效延伸党组织服务发展、服务民生的深度和广度。探

张华楼村　马健　摄

美丽乡村张华楼村 马健 摄

蝶变广场 马健 摄

张华楼村民生活　马健　摄

芭堤芭堤度假小院　马健　摄

索“十星文明家庭”评价体系。评定星级与发展红利相挂钩，提高群众参与度。引进河南乐贝乐食品有限公司等公司，打造芭堤芭堤度假小院，成立村集体企业，壮大集体经济，方便村民就业，提高群众收入。

大湖村

大湖村是管城回族区2020年度美丽乡村建设示范村、郑州市2021年度美丽乡村建设示范村、河南省2022年农村人居环境集中整治行动先进单位。大湖村以党建为引领，以美丽乡村为动力源，围绕“清、增、融、升”开展工作，改善人居环境。2019年12月起，开展村庄环境整治提升行动，共清理各类垃圾9650立方米，拆除私搭乱建、违规货梯125处920多平方米，拆除违规及破损门头48个，新建雨污管网3600米；完成村庄入口南北两侧绿化面积1380平方米，新增街边小游园5个、微景观58处、健身广场1个；修建小型污水处理厂1座、垃圾分类中转站2座、公厕5座，村民生活便利性显著提升。进入21世纪初以来，蘑菇种植基地快速发展。

南水北调生态文化公园

南水北调生态文化公园以南水北调中线干渠为轴线，两侧各宽200米，东起大湖村与中牟县交界处，西至十八里河，长度为7.46千米，规划总面积为215万平方米，2018年开工建设。截至2022年年底，南水北调干渠北侧中华路至郑新快速路段及南侧郑新快速路至十八里河段建成，面积约100万平方米。

公园建设围绕一级水源地保护，打造集生态涵养、文化传承、休闲游憩于一体的“风景长廊”。在景观设计上采用“一水、两带、五段、多园”的功能性总体布局，形成“林水相映，绿茎繁花”的景观结构。成片种植雪松、银杏、白皮松、白玉兰、枣树、梨树、柿子等高大乔木、果树，种植紫荆、桂花、樱花、琵琶等花灌木为中层色块，搭配五叶地锦、牡丹、常春藤、鸢尾、粉黛乱子等多品种低矮花草，使园区花木层次分明。在休息区内搭配丛生朴树等造型树。园区建有廊架、园林小道、自行车道、篮球场、网球场等配套设施，方便居民健身、休闲、娱乐。

南水北调生态文化公园之一 马健 摄

南水北调生态文化公园之二 马健 摄

南水北调生态文化公园之三　马健　摄

潮湖湿地公园

潮湖湿地公园以潮湖为中心，东临小魏庄、南临毕河村、西临中华路、北临郑州西南绕城高速公路，占地面积 74.70 万平方米，其中水面面积约 35.40 万平方米，林果地面积约 39.30 万平方米。

1994 年始建，先后栽种梨、桃、杏、枣、苹果等多种果树，种植柳树、女贞、法国梧桐等苗木 60 余万株。2017 年，潮湖湿地公园提档升级，以“自然、生态、野趣”为主题，打造“绿野和碧水”相结合的宜人环境。利用现有枣树、桃树等果树形成高木景观，林下种植百日草、波斯菊、虞美人、松果菊等花木，配套水上栈道，是集生态观光、科普教育、休闲娱乐为一体的综合性园区。

潮湖湿地之一　马健　摄

潮湖湿地公园之二 马健 摄

潮湖湿地公园之三 马健 摄

十七里河生态廊道

十七里河生态廊道以十七里河为轴线，两侧宽 40 ~ 200 米，南起苏庄村与新郑市交界处，北至南四环，途径苏庄村、小湖村，长度为 5.37 千米，规划总面积 95.60 万平方米。2016 年 12 月，苏庄村与新郑市交界处至京广铁路段开工建设，2017 年 6 月建成，面积 65.80 万平方米；2019 年 3 月，紫辰路至南四环段开工建设，2020 年 10 月建成，面积 18.20 万平方米。

廊道绿化以法桐、香樟、国槐、朴树、五角枫、银杏等珍贵树木为主，结合坡地景观，种植白蜡、栾树、樱花、桃树、枇杷、紫叶李、海棠、广玉兰、杏树、雪松、紫薇等观花和观叶树种，既保证了乔、灌的层次搭配，又以常绿和落叶衬托，达到春季有花、秋季有果、四季常青的景观效果。廊道建有智能跑道和智能健身驿站，形成一个集休闲、健身、纳凉、游玩的场所，改善周边生态环境，丰富市政建设配套体系。

十七里河生态廊道 马健 摄

十七里河生态廊道健身驿站　马健　摄

潮河生态廊道

潮河生态廊道以潮河为轴线，潮湖至南曹村潮河桥段，长度为5.60千米，两侧各宽100米。一期工程潮河至京广铁路段，长度为0.60千米，2020年5月开工建设，2022年12月建成。

潮河生态廊道景观带植物以阔叶落叶树和常绿混交林为主，结合灌木、地被及水生植物，构筑科学、合理、相对稳定的植物群落。常绿乔木有雪松、大叶女贞、广玉兰、金桂、红叶石楠等；落叶乔木有垂柳、朴树、红枫、日本晚樱等；色叶植物有元宝枫、三角枫、五角枫等；灌木有红宝石海棠、红叶碧桃、紫叶李等；地被及花卉有大叶黄杨、金丝桃、南天竹、鸢尾、迎春、扶芳藤等；水生植物有再力花、黄菖蒲、千屈菜、香蒲、水葱、荷花等，形成高低错落、四季有景的景观效果。廊道构建了包括观景台、林荫步道、亲水广场、成片绿荫休息场所的城市开放空间，方便居民各种户外活动。

潮河生态廊道　马健　摄

京广高铁生态廊道

京广高铁生态廊道以京广高铁为轴线，铁路两侧各宽 100 米，北起京广高铁与郑州机场高速公路交汇处以南，南至京广高铁与绕城高速交汇处以北，途经辖区南曹村、野曹村、张华楼村等 3 个村，长度为 2.80 千米，面积约 44 万平方米。2020 年 5 月建成。

廊道绿化结合地形，培土塑形，以银杏、雪松、金枝槐、白蜡等大面积种植做背景，结合中层山楂、石榴、桂花、樱花、紫叶矮樱等果树、花灌木为色块，再搭配迎春、五叶地锦、常春藤、南天竹草皮等多品种地被，局部用大叶黄杨球、红叶石楠球等球状植物点缀，形成大片经济林带，又根据树种不同的形态特征，不同色彩搭配进行错落的自然布局，营造成块、成片的带状植物林带。廊道内建设园林漫步道、休闲广场、彩色透水混凝土道路，配套景观照明，集休闲散步、运动、观光等功能于一体。

京广高铁生态廊道　马健　摄

徐兰高铁生态廊道

徐兰高铁生态廊道以徐兰高铁为轴线，西起紫辰路，东至金岱路，途经小湖村，长度为1.90千米，两侧各宽100米，绿化总面积20万平方米。2018年开工建设，2020年6月建成。

廊道绿化采取自然式的配植方式，以速生法桐、雪松为基调树种，结合开花灌木，在高铁沿线营造“玉兰花开俏争春”的效果，打造城市铁路风景线。绿化分成两部分：临近高铁一侧的前50米区域内，打造季相变化丰富的生态林防护区，绿化以雪松、国槐、栾树、红花玉兰为主；后50米是生态林防护区外侧的带状公园，即绿道体系，融入了休闲、康体功能。配套混行通道、驿站、公厕、管理房、照明等设施，成为站城一体的居民活动空间。

徐兰高铁生态廊道　南曹街道办事处　供图

郑万高铁生态廊道

郑万高铁生态廊道以郑万高铁为轴线，北起潮河，南接经济技术开发区防护绿地。长度为 0.74 千米，两侧各宽 100 米，面积约 15.90 万平方米。2020 年开工建设，2021 年 12 月建成。

廊道绿化以大叶女贞、雪松、红果冬青、桂花、水杉、白蜡等大型乔木为背景，结合中层晚樱、紫叶李、西府海棠、鸡爪槭、碧桃等开花小乔木，搭配龙柏篱、南天竹、金叶女贞、迎春、白三叶、麦冬等色块地被，局部用造型树点缀。廊道内建设管理房便于后期维护管理，采用红色透水沥青园路贯穿整个地块。配套休闲广场、观景平台、坐凳等服务设施，方便居民健身、休闲、观赏、游乐。

郑万高铁生态廊道 马健 摄

郑州机场高速公路生态廊道

郑州机场高速公路生态廊道以郑州机场高速公路为轴线，北起南曹村与经济技术开发区交界处，南至野曹村与经济技术开发区交界处，长度为1.60千米，两侧各宽100米，总面积约21万平方米。2015年开始建设，2019年建成。

廊道绿化内50米为纯生态绿化，外50米为背景林、经济林和片林。种植有雪松、银杏、早樱、红叶李等，配套自行车道和人行步道，适宜居民休闲、健身、游玩和观光。

郑州机场高速公路生态廊道 马健 摄

郑州西南绕城高速公路生态廊道

郑州西南绕城高速公路生态廊道以郑州西南绕城高速公路为轴线，西起张华楼村与经济技术开发区交界处，东至郑州西南绕城高速公路互通立交及轩辕故里站，途经辖区张华楼村、毕河村、席村、刘德城村等 4 个村，长度为 6 千米，两侧各宽 100 米，绿化总面积 65 万平方米。2017 年 6 月，完成郑州西南绕城高速公路两侧宽各 56 米绿化。2018 年 6 月，完成北侧外 44 米绿化。

廊道绿化以高大乔木雪松、银杏、白皮松、白蜡、金枝槐、金叶复叶槭等大面积种植做背景，结合中层桂花、樱花、紫叶矮樱等花灌木为色块，再搭配五叶地锦、红王子锦带、草皮、常春藤、南天竹等多品种地被，局部用大叶黄杨球、红叶石楠球等球状植物点缀。在中华路北路、郑州西南绕城高速公路匝道内搭配丛生朴树、造型油松等造型树。靠近村庄段设置廊架和园林小道，方便居民健身、休闲、娱乐。

郑州西南绕城高速公路生态廊道　南曹街道办事处　供图

郑新快速路生态廊道

郑新快速路生态廊道以郑新快速路为轴线，北起南曹街道苏庄村与十八里河街道交界处，南至南水北调彩虹桥，长度为 1.10 千米，两侧各宽 35 米，总面积约为 7 万平方米。2012 年 5 月建成。

廊道绿化有雪松、银杏、栾树等高大乔木，樱花、红叶李、紫薇等中低花灌木和迎春、连翘、草皮等地被，并点缀石楠、黄杨等植被，景观种植错落有致，色彩斑斓。廊道配套园林步道、彩色透水混凝土道路、休闲广场、景观坐凳、公共厕所等，集休闲、散步、运动、观光等功能于一体。

郑新快速路生态廊道 马健 摄

南曹街道办事处全民健身公园

南曹街道办事处全民健身公园位于富盛路和梦想路西南角，占地面积约 2.7 万平方米，健身步道 500 米，儿童活动区 500 平方米，绿化率 60%。公园建有儿童活动区一个、标准足球场一个、五人制足球场一个、标准篮球场两个、羽毛球场四个、乒乓球桌八个，同时配备休闲座椅、景观垃圾桶，方便游人休闲使用。

公园内种植有银杏、朴树、国槐、法桐、栾树、桂花、大叶女贞、雪松等高大乔木，及红叶李、海棠、木槿等花灌木，同时搭配春鹃、锦带、粉黛草等地被，保证广场林下空间的使用，落叶乔木和常绿乔木搭配，给市民一个春季观花、夏季乘荫、秋季赏叶，四季有氧健身的运动乐园。

南曹街道办事处全民健身公园之一 吴书林 供图

南曹街道办事处全民健身公园之二　吴书林　供图

文物胜迹

LOCAL RECORDS OF NANCAO

古遗址

安庄遗址

安庄遗址位于管城回族区南曹街道安庄村西南，遗址东部距潮河 500 米，南部被龙湖镇双湖大道公路穿过。遗址东西长 300 米，南北宽 450 米，面积 13.50 万平方米。

遗址地势为南北向的丘陵岗地，由岗地向东、西两侧逐步呈缓坡状。在遗址北部断崖上发现有多处灰坑。灰坑形状呈袋状、不规则形等，土色灰褐、黑褐色，土质较硬，包含有烧土、兽骨、陶片等遗物。采集陶片有泥质陶和夹砂陶，陶色为灰陶、黑陶，以灰陶数量最多。纹饰有篮纹、方格纹、绳纹、弦纹、素面等。器类有盆、甗、罐、单耳杯、陶环等。器物多为手制，少量为泥条盘筑。此外，还采集有石斧、石铲等，在地层中还采集到一个完整鹿角，经鉴定为马鹿。

该遗址的文化内涵丰富，暴露文化遗存较多，时代为新石器时代龙山文化晚期，兼有新砦期文化元素，是一处比较重要的龙山文化时期遗址。2009 年 6 月 12 日，郑州市人民政府将安庄遗址列为郑州市重点文物保护单位。

李马庄东南遗址

李马庄东南遗址位于管城回族区南曹街道李马庄村东南部，潮河东岸台地。遗址东西长 600 米，南北宽 500 米，面积 30 万平方米。

遗址地势为起伏不平的沙丘，中部区域较之周围稍高。遗址西临潮河，西北部为李马庄村，一条乡村公路从遗址中部呈西北—东南向穿过。在乡村公路南侧取土形成的断崖上发现有灰坑。灰坑填灰褐土，含有大量的沙土，夹有草木灰，包含有陶片等遗物。在乡村公路的北侧剖面发现有文化层，文化层暴露部分有 0.50 ~ 0.80 米厚，浅灰土，夹有木炭，含沙量大，包含有陶片等。地表采集陶片较多，陶质有泥质和夹砂两种，陶色有红陶、灰陶等，纹饰有绳纹、弦纹和素面，器类有釜、豆、罐、盆等。除商代陶片外，还发现有战国、汉代遗物。

根据所采集的遗物标本分析，该遗址是以商代为主，兼有战国、汉代时期文化遗存的文化遗址。2009 年 6 月 12 日，郑州市人民政府将李马庄东南遗址列为郑州市重点文物保护单位。

崔庄遗址

崔庄遗址位于管城回族区南曹街道崔庄村东约 100 米处，郑州西南绕城高速公路北侧，东临潮河。遗址东西长约 600 米，南北宽约 350 米，面积约 21 万平方米。

遗址地势较平缓，西南部较之东北部稍高，由西南向东北部稍微倾斜。遗址东临潮河，郑州西南绕城高速公路从遗址南部穿过，东北为京广铁路，西部为崔庄。在遗址东部的断崖上发现有灰坑分布，灰坑填土为灰褐土，土质较松，有陶片、兽骨等遗物。地表采集陶片较多，陶质有夹砂、泥质等，陶色有红陶、灰陶等，纹饰有绳纹和素面，器类有陶鬲、盆、罐等。

根据所采集的遗物标本分析，该遗址为周代文化遗址。

2009 年 6 月 12 日，郑州市人民政府将崔庄遗址列为郑州市重点文物保护单位。

于庄遗址

于庄遗址位于管城回族区南曹街道于庄村（自然村）西北部约 200 米处，西临十八里河。遗址南北长约 450 米，东西宽约 350 米，面积约 15.75 万平方米。

遗址地处郑州东南部的沙丘岗地。地势较周边稍高，20 世纪 70 年代平整土地及烧砖取土被挖去 0.70 ~ 1.20 米深。遗址中部尚留有一土台，断面暴露有文化层，0.80 米厚，红褐土，土质较硬。在地表采集有陶片，遗物较少。陶片以夹砂灰陶为主，另有少量泥质灰陶，多饰绳纹，器类有罐、鬲等。

此遗址的文化内涵较为丰富，文化堆积因未钻探，目前尚不清楚。该遗址为东周文化遗址，历史与考古价值比较重要，对于春秋战国时期的研究具有重要意义。

2009 年 6 月 12 日，郑州市人民政府将于庄遗址列为郑州市重点文物保护单位。

小魏庄遗址

小魏庄遗址位于管城回族区南曹街道小魏庄村东部约 100 米处，西临潮河。地势呈东高西低，稍微倾斜。遗址保存状况较好，现地表为农田及枣园。遗址东西长约 600 米，南北宽约 500 米，面积约 30 万平方米。

在地表发现有丰富的文化遗存，采集有陶片等遗物。陶质有泥质陶和夹砂陶，陶色有灰陶、红陶、褐陶等，纹饰有绳纹、素面等，器类有盆、罐、豆、釜等。

该遗址的文化内涵丰富，为两周时期文化遗存，该遗址的发现，对两周时期文化的研究具有重要意义。

2009 年 6 月 12 日，郑州市人民政府将小魏庄遗址列为郑州市重点文物保护单位。

席村遗址

席村遗址位于管城回族区南曹街道席村（自然村）西北 1000 米，潮河西支流西岸台地。遗址东西长 300 米，南北宽 200 米，面积 6 万平方米。

遗址地表散存有大量陶片，有泥质灰陶和夹砂陶，纹饰有彩陶、绳纹、附加堆纹等，器类有彩陶钵、瓮、罐、盆、杯等。根据遗物分析，这里是一处仰韶文化晚期遗址。此外，在遗址内还发现有方格纹、篮纹等陶片，说明此处应叠压有龙山文化遗存。

席村遗址面积较大，遗物丰富，是一处新石器时代的重要聚落遗址。2012 年 1 月 6 日，郑州市管城回族区人民政府将席村遗址列为郑州市管城回族区重点文物保护单位。

小郑庄遗址

小郑庄遗址位于管城回族区南曹街道小郑庄村西南 1500 米，潮河西支流西岸。遗址东西长 400 米，南北宽 450 米，面积约 18 万平方米。

遗址为一处东西向低冈，地表散存大量陶片，断崖暴露有文化层和灰坑，文化层 0.50 ~ 1 米厚，有陶片等遗物。采集陶片有泥质灰陶和夹砂陶，纹饰有绳纹、篮纹、方格纹，可辨器类有盆、罐、碗、大口尊、杯等。根据采集陶片分析，该遗址是一处新石器时代龙山文化遗址。

这是郑州东南一处面积较大的史前文化遗址，根据周围遗址分布较集中，该遗址可能有聚落中心性质，具有很高的历史研究价值。2012 年 1 月 6 日，郑州市管城回族区人民政府将小郑庄遗址列为郑州市管城回族区重点文物保护单位。

苏庄遗址

苏庄遗址位于管城回族区南曹街道苏庄村（自然村）东北约 200 米，七里河东支流西岸台地上。遗址东西长 300 米，南北宽 300 米，面积约 9 万平方米。

遗址地处郑州东南沙丘岗地，地势较周边略高，东部取土挖 0.60 ~ 1 米，地表散存有陶片。在取土断崖上暴露有灰坑和文化层，文化层 0.60 米厚，浅灰土，有碎陶片，遗物较少。灰坑填土疏松，包含有陶片等，从地表、灰坑及文化层中采集的陶片标本有泥质陶和夹砂陶，陶色有黑陶、灰陶、红陶等，纹饰红陶为素面，其余有绳纹、方格纹、篮纹等，器类有盆、瓮、罐、鬲等，属龙山文化遗存。该遗址还可见西周时期文化遗物。

该遗址是一处以新石器时代龙山文化为主，并兼有西周时期文化的遗址。2012 年 1 月 6 日，郑州市管城回族区人民政府将苏庄遗址列为郑州市管城回族区重点文物保护单位。

大湖遗址

大湖遗址位于管城回族区南曹街道大湖村东 150 米，潮河东支流西岸沙丘地区。

遗址南北长 400 米，东西宽 200 米，面积 8 万平方米。在遗址中部取土坑断崖上暴露有灰坑，土色灰褐，夹杂有石块和陶片，从地表和灰坑采集的陶片有泥质灰陶、夹砂陶，还有一些红陶片，纹饰有绳纹、附加堆纹、鸡冠耳、弦纹等，器类有盆、大口尊、罐、红陶釜等。

根据采集陶片分析，该遗址属商代文化遗址，兼有战国时期文化遗存，是一处比较重要的聚落遗址。2012 年 1 月 6 日，郑州市管城回族区人民政府将大湖遗址列为郑州市管城回族区重点文物保护单位。

张华楼遗址

张华楼遗址位于管城回族区南曹街道张华楼村（自然村）西南 500 米，潮河西支流东岸。遗址东西长 200 米，南北宽 200 米，面积 4 万平方米。

在遗址断崖上暴露有文化层和灰坑，文化层 0.50 米厚，土色灰褐，包含少量陶片。灰坑呈不规则形，土色灰褐，土质疏松。从地表、文化层和灰坑中采集的陶片有泥质灰陶、夹砂陶，纹饰有绳纹、涡纹、弦纹，器类有大口尊、鬲、瓮、盆等。

根据采集陶片分析，该遗址属商代文化遗址，为研究这一地区商代文化和聚落遗址的分布及社会状况提供了新的资料。2012 年 1 月 6 日，郑州市管城回族区人民政府将张华楼遗址列为郑州市管城回族区重点文物保护单位。

毕河遗址

毕河遗址位于管城回族区南曹街道毕河村（自然村）北 100 米的潮河西支流西岸台地上。遗址南北长 400 米，东西宽 300 米，面积约 12 万平方米。

遗址地表散存大量陶片，在堤堰处可见文化层。采集陶片有泥质灰陶和夹砂陶，纹饰主要为绳纹、附加堆纹，器类有盆、罐、瓮等。

根据采集陶片特征分析，该遗址是一处以商代文化遗存为主，兼有西周时期文化遗存的遗址，对研究这一地区商周聚落形成、分布及与周边遗址的关系具有重要的价值。2012 年 1 月 6 日，郑州市管城回族区人民政府将毕河遗址列为郑州市管城回族区重点文物保护单位。

刘德城遗址

刘德城遗址位于管城回族区南曹街道刘德城村（自然村）南 200 米，北距郑州西南绕城高速公路 150 米，西距新郑公路 2000 米，南部为一片现代墓地。遗址南北长 300 米，东西宽 300 米，面积为 9 万平方米。

遗址地势较周围略高，中部因取土形成一个长方形浅坑，在断崖上发现有文化层，土呈灰褐色，土质较硬，包含有陶片，陶片有泥质陶和夹砂陶，陶色有红陶、灰陶，纹饰有绳纹、素面，器类有鬲、罐、盆、板瓦等。

根据采集的遗物标本分析，这是一处以商代文化遗存为主，兼有唐、宋时期文化遗存的遗址。2012 年 1 月 6 日，郑州市管城回族区人民政府将刘德城遗址列为郑州市管城回族区重点文物保护单位。

古墓葬群

南曹街道历史悠久，分布着不同时期的聚落遗址，也分布着形式多样的墓葬区。已发现大湖墓群、小魏河墓群、安庄墓群、刘德城墓群、于庄墓群和魏河墓群等6处，其中小魏河墓群为郑州市管城回族区重点文物保护单位。

小魏河墓群

小魏河墓群位于管城回族区南曹街道小魏河村周围，墓葬分布面积约20万平方米，以村北、村东、村西南最为集中。

2008年，郑州市文物考古研究院在普查时发现这一墓群。据村民反映在挖沙取土过程中，曾发现很多空心砖墓和小砖墓。经调查，附近取土断崖上仍暴露有多处空心砖墓，地表散布有空心砖块和小砖块。从调查情况来看，这一带是大型的汉代墓葬区，为寻找附近大型聚落遗址或者城邑提供重要线索，也为研究汉代丧葬制度及墓葬形制提供实物资料。

2012年1月6日，郑州市管城回族区人民政府将小魏河墓群列为郑州市管城回族区重点文物保护单位。

经济发展

LOCAL RECORDS OF NANCAO

农业

中华人民共和国成立前，辖区农业生产十分落后，小麦亩产量仅 40 千克。家畜家禽多分户散养。

1949 年 12 月，辖区实施土地改革，至 1950 年 4 月基本完成。

1951 年，东尚岗杨村农业互助组成立。

1954 年，辖区农业互助组改为农业初级合作社。主要作物：小麦、谷子、高粱、花生。小麦主要种植品种为徐麦 438，产量有了明显提高。大牲畜集中饲养，发展较为稳定。

1956 年，辖区农业初级合作社合并为农业高级合作社。

20 世纪 60 年代，相继引进阿夫郑州 3 号、郑州 724、郑州 761、矮丰 3 号等小麦品种，小麦亩产量进一步提高。同时，在辖区大面积推广红薯种植。

20 世纪 70 年代，辖区成立农业科技推广站，建有乡试验场，引进玉米、水稻优良品种在辖区推广种植。

20 世纪 70 年中后期，水稻成为辖区主要粮食作物之一，种植区域涉及李马庄、南曹、野曹、耿庄、梁湖、二郎庙、单庄、弓马庄、司赵等，年种植总面积超过 1000 公顷。

20 世纪 80 年代，主要农作物为小麦、玉米、花生、水稻、大豆。其中，小麦、玉米

种植面积均超过 1334 公顷。

20 世纪 90 年代，农牧业生产力水平进一步提高。1990 年，夏粮种植面积 2669 公顷、产量 10335 吨，秋粮种植面积 2542 公顷、产量 8835 吨；油料种植面积 1286 公顷、产量 2176 吨；畜牧业期末存栏：牛 3366 头、马 55 头、驴 2018 头、骡子 474 头、猪 16798 头、羊 7365 只；家禽 92168 只。

1991 年，夏粮种植面积 2704 公顷、产量 10420 吨，秋粮种植面积 2565 公顷、产量 8865 吨；油料种植面积 1282 公顷、产量 1941 吨；水果种植面积 632 公顷，产量 1080 吨。畜牧业期末存栏：牛 3060 头、马 41 头、驴 1838 头、骡子 378 头、猪 15303 头、羊 7563 只；家禽 93500 只。

1992 年，夏粮种植面积 2672 公顷、产量 10380 吨，秋粮种植面积 2607 公顷、产量 8883 吨；油料种植面积 1351 公顷、产量 2200 吨；水果种植面积 632 公顷，产量 1092 吨。畜牧业期末存栏：牛 5163 头、马 48 头、驴 1902 头、骡子 343 头、猪 23176 头、羊 9404 头；家禽 144250 只。

1993 年，夏粮种植面积 2719 公顷、产量 10694 吨，秋粮种植面积 2433 公顷、产量 9665 吨；油料种植面积 1221 公顷、产量 2300 吨；水果种植面积 722 公顷、产量 1513 吨。畜牧业期末存栏：牛 3314 头、马 138 头、驴 1846 头、骡子 283 头、猪 25670 头、羊 9835 头；

农业种植之一 马健 摄

农业种植之二　马健　摄

家禽 275250 只。

1994 年，夏粮种植面积 2700 公顷、产量 11099 吨，秋粮种植面积 2416 公顷、产量 9547 吨，水果种植面积 662 公顷、产量 3056 吨。畜牧业期末存栏：牛 5159 头、马 122 头、驴 1842 头、骡子 322 头、猪 32902 头、羊 9837 头；家禽 202400 只。

1995 年，夏粮种植面积 2719 公顷、产量 10694 吨，秋粮种植面积 2480 公顷、产量 10311 吨，水果种植面积 924 公顷、产量 3802 吨；畜牧业期末存栏：牛 5214 头、马 117 头、驴 1842 头、骡子 322 头、猪 33500 头、羊 9080 头；家禽 203200 只。

1996 年，夏粮种植面积 2700 公顷、产量 11476 吨，秋粮种植面积 2453 公顷、产量 10352 吨，水果种植面积 1254 公顷、产量 7885 吨。畜牧业期末存栏：牛 3421 头、马 150 头、驴 1214 头、骡子 205 头、猪 13860 头、羊 3456 只；家禽 173760 只。

1997 年，夏粮种植面积 2830 公顷、产量 10646 吨，秋粮种植面积 2192 公顷、产量 8005 吨，水果种植面积 1380 公顷、产量 7890 吨。畜牧业期末存栏：其中牛 4498 头、马 124 头、驴 1185 头、骡子 141 头、猪 20883 头、羊 5722 只；家禽 296800 只。

1998 年，夏粮种植面积 2254 公顷、产量 10646 吨，秋粮种植面积 2134 公顷、产量

麦收 马健 摄

9571吨。畜牧业期末存栏：牛4556头、马101头、驴1307头、骡子165头、猪23623头、羊7540只；家禽296000只。河南省供销合作总社在南曹乡司赵村与耿庄村结合部建设河南金鹭鸵鸟养殖园。该养殖园占地面积93.4公顷，拥有国内一流的孵化、育雏、饲养、饲料加工、屠宰及良好的生产生活设施，年出栏鸵鸟3000只左右。6月，河南金鹭鸵鸟养殖园被中国鸵鸟养殖开发协会确定为“鸵鸟养殖示范基地”。

1999年，夏粮种植面积2537公顷、产量11059吨，秋粮种植面积2134公顷、产量9748吨，水果种植面积1385公顷、产量8385吨。畜牧业期末存栏：牛4623头、马207头、驴1010头、骡子60头、猪31414头、羊9460只；家禽306950只。

2000年，夏粮种植面积2422公顷、产量10113吨，秋粮种植面积1906公顷、产量9587吨，油料种植面积1093公顷、产量2685吨，蔬菜种植面积332公顷、产量10850吨，水果种植面积1244公顷、产量8560吨。畜牧业期末存栏：牛5929头、马5头、驴373头、骡子21头、猪30292头、羊10085只；家禽231500只。

2001年，夏粮种植面积2110公顷、产量8957吨，秋粮种植面积1613公顷、产量7703吨，油料种植面积1242公顷、产量3027吨，蔬菜种植面积736公顷、产量25658吨，

河南金鹭鸵鸟养殖园 南曹街道办事处 供图

水果种植面积1269公顷、产量11642吨。畜牧业期末存栏：牛3592头、马30头、驴204头、骡子63头、猪29112头、羊8862只；家禽187000只。

2002年，夏粮种植面积1914公顷、产量8157吨，秋粮种植面积1371公顷、产量6453吨，油料种植面积1234公顷、产量3627吨，蔬菜种植面积841公顷、产量31284吨，水果种植面积1308公顷、产量12499吨。畜牧业期末存栏：牛6106头、马20头、驴138头、骡子32头、猪28060头、羊9040只；家禽254005只。

2003年，夏粮种植面积963公顷、产量3908吨，秋粮种植面积676公顷、产量3081吨，油料种植面积475公顷、产量1876吨，蔬菜种植面积590公顷、产量26250吨，水果种植面积1335公顷、产量8321吨。畜牧业期末存栏：牛2042头、驴28头、猪12289头、羊5201只；家禽163607只。

2004年，夏粮种植面积809公顷、产量3658吨，秋粮种植面积645公顷、产量3076吨，油料种植面积677公顷、产量1645吨，蔬菜种植面积622公顷、产量27910吨，水果种植面积593公顷、产量2415吨。畜牧业期末存栏：牛2452头、马5头、驴25头、

林果业——枣园　马健　摄

于庄村蔬菜大棚　马健　摄

骡子 3 头、猪 10819 头、羊 5007 只；家禽 201051 只。

2005 年，夏粮种植面积 866 公顷、产量 3745 吨，秋粮种植面积 626 公顷、产量 3005 吨，油料种植面积 657 公顷、产量 1630 吨，蔬菜种植面积 701 公顷、产量 32076 吨，水果种植面积 589 公顷、产量 1958 吨。畜牧业期末存栏：牛 1884 头、马 5 头、驴 35 头、骡子 5 头、猪 11764 头、羊 5499 只；家禽 166210 只。

2006 年以来，随着经济发展和新型城镇化建设加快，辖区粮食作物种植面积总体呈下降趋势，大牲畜养殖逐渐减少。以金太阳观光农业示范园、张华楼村农业科技示范园、淇乐农业科技园、河南清阳尚品铁皮石斛设施农业、大湖村蘑菇生产基地、郑州市管城回族区众富养鸡合作社等一批新型农牧业企业快速发展。

2006 年，夏粮种植面积 856 公顷、产量 3713 吨，秋粮种植面积 586 公顷、产量 3291 吨，油料种植面积 640 公顷、产量 1557 吨，蔬菜种植面积 702 公顷、产量 32064 吨，水果种植面积 846 公顷、产量 5639 吨。畜牧业期末存栏：牛 2000 头、驴 6 头、猪 10855 头、羊 4924 只；家禽 156029 只。

2007 年，夏粮种植面积 825 公顷、产量 3577 吨，秋粮种植面积 474 公顷、产量 2634 吨，油料种植面积 516 公顷、产量 1317 吨，蔬菜种植面积 532 公顷、产量 30850 吨，水果种植面积 846 公顷、产量 5639 吨。畜牧业期末存栏：牛 936 头、驴 6 头、猪 2260 头、羊 2650 只；家禽 50100 只。

2008 年，夏粮种植面积 846 公顷、产量 3735 吨，秋粮种植面积 395 公顷、产量 2211 吨，油料种植面积 502 公顷、产量 1308 吨，蔬菜种植面积 510 公顷、产量 21712 吨，水果种植面积 761 公顷、产量 4450 吨。畜牧业期末存栏：牛 750 头、驴 6 头、猪 2030 头、羊 1760 只；家禽 54000 只。

2009 年，夏粮种植面积 835 公顷、产量 3935 吨，秋粮种植面积 396 公顷、产量 1885 吨，油料种植面积 487 公顷、产量 1277 吨，蔬菜种植面积 395 公顷、产量 20750 吨，水果种植面积 761 公顷、产量 4477 吨。畜牧业期末存栏：牛 541 头、猪 1813 头、羊 1620 只；家禽 54500 只。

2010 年，夏粮种植面积 776 公顷、产量 3670 吨，秋粮种植面积 372 公顷、产量 1951 吨，油料种植面积 479 公顷、产量 1255 吨，蔬菜种植面积 496 公顷、产量 22205 吨，水果种植面积 514 公顷、产量 1312 吨。畜牧业期末存栏：牛 535 头、猪 2581 头、羊 1341 只；家禽 81000 只。

2011年，夏粮种植面积773公顷、产量3445吨，秋粮粮食总播种面积361公顷、产量1891吨，油料种植面积462公顷、产量1215吨，蔬菜种植面积468公顷、产量20844吨，水果种植面积634公顷、产量4074吨。畜牧业期末存栏：牛530头、猪2636头、羊1200只；家禽82100只。

2012年，夏粮种植面积771公顷、产量3450吨，秋粮粮食总播种面积358公顷、产量1915吨，油料种植面积465公顷、产量1211吨，蔬菜种植面积481公顷、产量22875吨，水果种植面积526公顷、产量1342吨。畜牧业期末存栏：牛606头、猪5250头、羊1730只；家禽87950只。

2013年，夏粮种植面积768公顷、产量3449吨，秋粮种植面积357公顷、产量1901吨，油料种植面积458公顷、产量1213吨，蔬菜种植面积472公顷、产量21794吨，水果种植面积498公顷、产量1273吨。畜牧业期末存栏：牛603头、猪5212头、羊804只；家禽86150只。

2014年，夏粮种植面积800公顷、产量3439吨，秋粮粮食总播种面积343公顷、产量1794吨，油料种植面积456公顷、产量1071吨，蔬菜种植面积446公顷、产量22108吨，水果种植面积478公顷、产量1218吨。畜牧业期末存栏：牛823头、猪7769头、羊795只；家禽79870只。

2015年，夏粮种植面积680公顷、产量3259吨，秋粮种植面积356公顷、产量1882吨，油料种植面积316公顷、产量802吨，蔬菜种植面积442公顷、产量20376吨，水果种植面积498公顷、产量1273吨。畜牧业期末存栏：牛800头、猪6720头、羊760只；家禽81000只。

2016年，夏粮种植面积754公顷、产量3172吨，秋粮种植面积345公顷、产量1784吨，油料种植面积301公顷、产量762吨，蔬菜种植面积418公顷、产量18393吨，水果种植面积441公顷、产量978吨。畜牧业期末存栏：牛1857头、猪3610头、羊4866只；家禽170685只。

2017年，夏粮种植面积697公顷、产量3246吨，秋粮粮食总播种面积321公顷、产量1674吨，油料种植面积296公顷、产量724吨，蔬菜种植面积257公顷、产量6405吨，水果种植面积510公顷、产量1227吨。2017年，辖区全面禁养。

2018年，夏粮种植面积253公顷、产量1244吨，秋粮粮食总播种面积300公顷、产量1690吨，油料种植面积280公顷、产量727吨，蔬菜种植面积190公顷、产量5621吨，水果种植面积 331 公顷、产量 905 吨。

2019 年，夏粮种植面积 248 公顷、产量 1190 吨，秋粮种植面积 275 公顷、产量 1482 吨，油料种植面积 249 公顷、产量 690 吨，蔬菜种植面积 180 公顷、产量 5244 吨，水果种植面积 285.40 公顷、产量 721 吨。

2020 年，夏粮种植面积 246 公顷、产量 1215 吨，秋粮种植面积 253.03 公顷、产量 1496 吨，油料种植面积 246 公顷、产量 682 吨，蔬菜种植面积 168 公顷、产量 4829.49 吨，水果种植面积 225 公顷、产量 594 吨。

2021 年，夏粮种植面积 220.6 公顷、产量 1107 吨，秋粮种植面积 162.56 公顷、产量 884.1 吨，油料种植面积 237 公顷、产量 594.5 吨，蔬菜种植面积 124.97 公顷、产量 3102.75 吨，水果种植面积 132.27 公顷、产量 413 吨。

2022 年，夏粮种植面积 157.04 公顷、产量 774.4 吨，秋粮种植面积 134 公顷、产量 714.2 吨，油料种植面积 200.66 公顷、产量 487.8 吨，蔬菜种植面积 117.89 公顷、产量 2905.1 吨，水果种植面积 117.38 公顷、产量 356 吨。

大湖村蘑菇基地　马健　摄

野曹村葡萄采摘 马健 摄

工业

中华人民共和国成立前，辖区内没有现代工业企业，只有家庭作坊。中华人民共和国成立后至20世纪60年代初，以南生铁业社为代表的铁匠铺、木匠铺等手工艺作坊互助合作，联合生产，推动了辖区经济发展。

20世纪60年代后期，社队企业起步。南曹农机厂、南曹玻璃厂、南曹火柴厂、南曹制蜜厂等企业相继创办。

20世纪70年代至80年代，相继成立以郑州市光华服装厂、郑州市凤凰针织内衣厂、管城豫蒙食品联合厂、管城新华鞋厂等乡办工业企业和小湖助剂化工厂、苏庄金刚砂厂、梁湖沙灰砖厂、梁湖电池厂、席村造纸厂等一大批村办工业企业。郑州铁路局水泥厂、郑州铁路局工务修配厂、郑州市小李庄化肥厂等企业迁入，带动了经济发展。

20世纪90年代，南曹乡认真落实管城回族区《关于进一步促进经济发展的若干规定》《关于在全区乡村大力推行农村股份合作制的决定》，有力促进辖区乡镇企业发展。以郑州宏达造纸实业有限公司等为代表的工业企业规模迅速扩大。

进入21世纪，依托交通区位优势，以金岱产业集聚区为引领，先后引进河南一德电器有限公司、郑州中原处处春饲料有限公司、福耀玻璃等一批龙头企业，带动以郑州红日家具有限责任公司、郑州新代商业展示道具有限公司、河南木之秀家具有限公司等为代表的中小微企业快速增长。以河南升源混凝土有限公司、河南紫东混凝土有限公司等为代表的预拌混凝土企业产能不断提高，成为辖区经济发展的新增长点。

1990 年，规模以上工业总产值 141 万元。

1991 年，规模以上工业总产值 153.10 万元。

1992 年，规模以上工业总产值 91 万元。

1993 年，规模以上工业总产值 287 万元。

1994 年，规模以上工业总产值 1790 万元。

1995 年，规模以上工业总产值 4222.90 万元。

1996 年，规模以上工业总产值 4939 万元。

1997 年，规模以上工业总产值 4564 万元。

1998 年，规模以上工业总产值 3925.90 万元。

1999 年，规模以上工业总产值 4851 万元。

2000 年，规模以上工业总产值 5980.30 万元。

2001 年，规模以上工业总产值 5758.70 万元。

2002 年，规模以上工业总产值 8969 万元。

2003 年，规模以上工业总产值 8969 万元。

2004 年，规模以上工业总产值 11425.20 万元。

2005 年，规模以上工业总产值 13798 万元。

2006 年，规模以上工业总产值 8106.70 万元。

2007 年，规模以上工业总产值 7639 万元。

2008 年，规模以上工业总产值 6259 万元。

2009 年，规模以上工业总产值 6375 万元，规模以上工业增加值完成 1570 万元。

2010 年，规模以上工业总产值 6165 万元，规模以上工业增加值完成 1894 万元。

2011 年，规模以上工业总产值 8813 万元，规模以上工业增加值完成 2190 万元。

2012 年，规模以上工业总产值 9836 万元，规模以上工业增加值完成 4068 万元。

2013 年，规模以上工业总产值 12725 万元，规模以上工业增加值完成 4308 万元。

2014 年，规模以上工业总产值 44676 万元，规模以上工业增加值完成 7985 万元。

2015 年，规模以上工业增加值完成 3160 万元。

辖区工业园区　马健　摄

2016 年，规模以上工业增加值完成 1863 万元。

2017 年，规模以上工业增加值完成 2848 万元。

2018 年，规模以上工业增加值完成 634 万元。

2019 年，规模以上工业增加值完成 3422 万元。

2020 年，规模以上工业增加值完成 54208 万元。

2021 年，规模以上工业增加值完成 55000 万元。

2022 年，规模以上工业增加值完成 56500 万元。

商贸服务业

20 世纪 50 年代，成立南曹、郎庄、司赵、席村 4 个供销合作社门市部，经营食盐、火柴、煤油等日常生活用品。

20 世纪 60 年代，成立南曹基层供销合作社，辖南曹、郎庄、司赵、席村 4 个门市部，为群众提供日常用品。

20 世纪 70 年代，在基层供销合作社稳步发展的同时，农村代购代销店遍及南曹人民公社各社队，全年供应食盐、食碱、酱油、醋等日用百货及小件农具。群众可以在社队买到所需商品，也可以出售自己生产的农副产品。

20 世纪 80 年代，河南省棉麻公司在辖区设立仓库，主要从事棉花等物资调拨、转运业务。同时，辖区集市贸易发展迅速，形成南曹集贸市场、司赵集贸市场、尚庄集贸市场，商品种类丰富，有农副产品、日用百货、布匹、服装、鞋帽、玩具、电器等。

20 世纪 90 年代，市场经济进一步发展，以南曹农贸市场、尚庄旧木材交易市场为代表的批发交易市场形成规模，拉动经济发展。

进入 21 世纪，南曹商贸市场蓬勃发展，建成河南紫荆钢铁园、河南润滑油批发市场、郑州国产汽车配件市场、郑州轮胎交易市场、七里河电动自行车交易市场、姚庄宽广洁具市场等一批大型市场。

进入新时代以来，随着新型城镇化建设进程加快，以万科龙堂为代表的大型购物商场，以河南艾沐酒店有限公司、河南省乐贝乐食品有限公司为代表的餐饮住宿服务业，以郑州传化物流信息港、郑州卓迅物流有限公司、中国储运（郑州）物流产业园为代表的商贸物流业相继落地。

南曹农贸市场　马健　摄

物流产业园　马健　摄

河南省乐贝乐食品有限公司营养午餐中央厨房　马健　摄

郑州传化公路港　马健　摄

郑州卓迅物流有限公司　马健　摄

河南豫棉物流有限公司　马健　摄

河南豫棉物流有限公司

河南豫棉物流有限公司位于席村，成立于1984年，是河南省豫棉集团实业有限公司的全资子公司。占地面积为13.25万平方米，有库房30幢，库房仓储面积3.73万平方米，露天货场面积3.65万平方米。公司设有办公室、财务部、安防指挥中心、市场运营中心、仓储管理中心、公路铁路配送中心等部室，专业从事棉花等物资的代储代运、公路运输、承运、货物中转、信息服务等，是郑州商品交易所和全国棉花交易市场指定的棉花交割仓库。拥有铁路专用线1条，可容纳40节车皮同时作业，仓库最大库容量12万吨，年最大中转量50万吨。

中国石油物资郑州有限公司

中国石油物资郑州有限公司位于席村，建于1999年，隶属于中国石油西北销售公司，占地面积17.13万平方米，总库容21万立方米，年周转量239万吨，主要存储汽油、柴油和变性燃料乙醇等介质，是国家一级油库，是集成品油储运及资源配置为一体的仓储调运型分公司，承担着西北销售公司在兰郑长成品油管道河南段成品油的储备和中转任务。油品资源辐射河南、湖北、湖南、安徽、四川、江西、山西、广东等省。

中国石油物资郑州有限公司　马健　摄

中国储运（郑州）物流产业园

中国储运（郑州）物流产业园位于豫十路南、紫辰路东，占地面积 227 亩，总建筑面积 17 万平方米。产业园将物联网、AI、大数据等技术与商贸物流深度融合，致力于打造一站式智慧物联网园区，设置青年创新创业中心、汽车交付中心、商务交易中心、政务服务中心。2020 年 9 月开工建设，2022 年 12 月建成。

中国储运（郑州）物流产业园　马健　摄

民俗风情

LOCAL RECORDS OF NANCAO

生活习俗

婚嫁礼俗

辖区婚嫁通常有相亲、提亲、订婚、议定吉日、婚嫁、嫁妆、回门等礼俗。随着时代变迁，流传的婚嫁习俗也发生变化。

相　亲　又称小见面。现在青年男女多是自由恋爱结婚，有些青年还需要媒人在中间牵线搭桥。媒人向男女双方初步介绍各自情况后，双方有初步意愿，便和媒人约定时间、地点见面。如果双方比较满意，就留下联系方式，便于进一步交往。见面只是男女双方相互初步了解的一种形式，还需要一段时间相处，才能最终确定。

提　亲　通常由男方安排媒人，向女方商量婚姻的可能性。当今自由恋爱，男女双方有结婚意愿后，多数也请媒人走个过场，多由男方父母在媒人陪伴下到女方家征求女方父母意见。

订　婚　又称大见面，相亲之后彼此觉得比较满意，便约媒人从中说合订婚。通常选择农历双月双日在男方家里进行，女方由哥嫂或叔伯父母陪同到男方家里。男方置办酒席，热情款待。订婚前，男方父母多给女方见面礼；订婚后，男方给女方送彩礼。订婚表示亲事订了下来。

议定吉日　就是商量举办婚礼的日期。现在父母多征求年轻人意见，结合双方时间确定吉日，很多年轻人选择元旦、五一劳动节、国庆节等节日结婚。吉日确定后，双方便协商嫁娶的具体事宜，如在哪里举行婚礼、在哪里待客、待几桌客等。

嫁　娶　主要是男方迎亲、举办结婚仪式、宴请亲朋好友。在举办结婚仪式之前，男女双方先到民政部门登记，领取结婚证。有“结婚不走回头路”之说，迎亲去时、回来的路线不能完全重复。结婚典礼仪式一般在中午 12 点之前进行。随着经济社会发展，现在的嫁娶仪式逐渐简洁新颖，婚礼、待客多在酒店举行。此外，集体婚礼、旅行结婚等也成为新时尚。

嫁　妆　结婚时，女方陪送有嫁妆。20 世纪 50 年代嫁妆三大件为桌箱、柜橱和一对椅子，20 世纪 60 年代、70 年代多为三斗桌、大立柜、高低柜和一对椅子或者沙发。20 世纪 80 年代初期流行自行车、缝纫机、手表和收音机。随着时代发展，20 世纪 80 年代中后期以来，嫁妆更为多样，如写字台、梳妆台、组合家具、洗衣机、电冰箱、彩色电视机等。有些家庭还有摩托、汽车。过嫁妆有在婚期前几天的，也有在当天的。

回 门 又称“归宁”，即婚后第三天，新人回娘家看望父母。

庙会集场

南曹集

《民国郑县志》记载有南曹集。每逢农历二、五、八为集市日。20 世纪 90 年代，南曹集由村中搬至村西，新建长为 1500 米的市场街和建筑面积达 7500 平方米的农贸市场。每逢集日，前来经商赶集的人络绎不绝，达数万人之多。即使非集日，仍有上千群众前来购物，极大地促进了第三产业发展。

大魏河庙会之一 马健 摄

大魏河庙会之二 马健 摄

苏庄庙会 马健 摄

南曹街道办事处庙会场次及时间安排表

序号	地点	时间（农历）	参与自然村
1	苏庄村	正月二十六	大魏河、小魏河
2	南曹村	正月二十、二月二十九、四月初六、六月初十	南曹村所辖各自然村
3	李马庄村	二月初十（2009 年始）	李马庄
4	苏庄村	二月十六（1992 年始）	苏庄
5	席村	三月初一（2000 年始）、六月初二（1980 年始）	席村所辖各自然村
6	毕河村	三月初三	毕河村所辖各自然村
7	大湖村	三月十二（2001 年始）	大湖
8	张华楼村	三月十六（2009 年始）	张华楼村所辖各自然村
9	苏庄村	小满	苏庄、二十铺、于庄
10	小湖村	五月二十六（2002 年始）	王司李
11	野曹村	六月初四（1988 年始）	野曹、小野曹
12	苏庄村	七月二十（1995 年始）	庞庄
13	小湖村	九月初九（2006 年始）	小李庄
14	小湖村	九月二十六（2006 年始）	方庄
15	刘德城村	十月初二	刘德城所辖各自然村

岁时节俗

春　节

辖区从腊月二十三到正月二十统称为过春节。“祭了灶，年来到”，一过腊月二十三，人们就为过年忙开了。“二十三祭灶官，二十四扫房子，二十五磨豆腐，二十六割年肉，二十七杀年鸡，二十八蒸枣花，二十九蒸馒头，年三十贴门神。”除夕晚上吃饺子，有的人通宵不眠，为了“守岁”。初一，早上吃饺子、放鞭炮，饭后敬拜祖先牌位，然后给本族长辈拜年。初二，新婚年轻夫妇到岳父家拜年。初三，到坟上祭祖。一直到元宵节，亲戚们互相拜访。

春节写春联　南曹街道办事处　供图

元宵节

农历正月十五日，古时为“上元节”。此节群众有挂灯、提灯的习俗，故有“灯节”之称。中华人民共和国成立前，每逢节日晚上，辖区居民家家户户房门口、神像前都放面食灯盏，门口挂灯笼，孩子们都挑灯上街戏耍。中华人民共和国成立后，辖区居民有在元宵节开展文体娱乐活动的习惯，比如，各村组织猜谜语、唱戏、放电影，举办两人三足跑、拔河等趣味体育活动以及元宵灯会等。1996年起，元宵节被定为辖区的“农民文化艺术节”。元宵节中午或晚上，辖区居民吃元宵。

二月二

又称龙头节、春龙节。民谚云：“二月二，龙抬头。”辖区居民有二月二理发、炒焦豆、摊煎饼的习俗。

小湖村元宵文艺活动　南曹街道办事处　供图

张华楼村元宵猜灯谜　南曹街道办事处　供图

端午节做香囊　南曹街道办事处　供图

七夕节

农历七月初七，又称七巧节、乞巧节。因为“牛郎织女”的美丽爱情传说，七夕成为象征爱情的节日，是中国最具浪漫色彩的传统节日。辖区年轻男女多在当日相约游玩、看电影等。

中秋节

农历八月十五，是家庭团聚、走亲戚看望长辈的重要节日。辖区居民有赏月、吃月饼的习俗。

小湖村“庆中秋　欢乐彩虹跑”活动　南曹街道办事处　供图

重阳节

农历九月初九。古时有登高祈福、秋游赏菊、佩插茱萸、拜神祭祖及饮宴祈寿等习俗。重阳节为老人节，提倡孝老敬亲。近年来，辖区各村普遍开展“重阳孝亲敬老”活动，发放慰问品或组织文体活动，倡导树立尊老、敬老、爱老、助老的风气。

冬　至

冬至是农历二十四节气之一，是民间一种计算寒天与春暖花开日期方法的起始之日。冬至中午，辖区居民都吃饺子。

小湖村重阳节敬老孝亲活动　南曹街道办事处　供图

幼儿园冬至包饺子　南曹街道办事处　供图

方言土语

方　言

昨天：夜个

下午：后晌

傍晚：擦黑儿

太阳：日头

流星：贼星

彗星：扫帚星

冰雹：冷子

小雨：蒙蒙雨

闪电：打霍闪

晚霞：烧云

脖子：薄 bao

肩膀：肩磨头

皱纹：枯出皮

拖延：磨蹭

继承：情受

习惯：行宜

说大话：喷喷壶、老喷儿

骂：卷

父亲：伯、爹、大

妻姐妹的丈夫：一根檩、一条椽儿

筷子：撬（音）

往上举：肘

收拾：拾掇

忙碌：不拾闲儿

吊起来：滴溜

开玩笑：打缠

啄木鸟：叨树猫

麻雀：小虫

蛇：长虫

蝉：麦集鸟

螳螂：砍刀

蜥蜴：地曲流

壁虎：蝎虎

蝙蝠：盐别虎

布谷鸟：光棍背锄

爬动：咕蛹

猫头鹰：姑姑苗

孑孓：跟头虫

鸡：鸠（音）

蒲公英：黄花苗

车前子：牛耳朵棵

茵陈：白蒿

向日葵：照日葵

辣椒：秦椒

香附子：莎草胡

麦蒿：米米蒿

布谷鸟：春姑姑

枸杞：狗蹄棵

槐实：槐豆

牵牛子：江梁籽

薜荔：爬墙虎

荠菜：花园麦地菜

串：嘟噜

蹲下：谷堆

卧室：里白

时尚、显摆：可雅

脾气怪：硌料

民　谣

《石榴花》

石榴花，红艳艳，党领导是方向盘。

百姓跟着方向走，顺风顺水高峰攀。

《学到老》

长到老来学到老，人到八十还学巧。

问过百人通百事，学学问问知识高。

《实践》

听过不如见过，见过不如干过。

巧干来自熟练，熟练来自实践。

《说话》

能吃过天饭，不说过天话。

说话留分寸，三思后说话。

《云四方》

云往东，刮场风。云往南，水涟涟。

云往西，披蓑衣。云往北，一阵黑。

《砍枣干》

三月三，砍枣干。砍一杆，收石三。

砍一斧，收石五，砍的枣树肚儿鼓。

年复一年年年砍，保管枣树能增产。

《节令与农事歌》

立春之后万物生，抓紧时间早备耕。

雨水到了麦返青，适时追灌苗发挺。

惊蛰春分响春雷，大地转暖阳气回。

麦田管理要搞好，棉种选育早准备。

南曹枣园之一　马健　摄

南曹枣园之二　南曹街道办事处　供图

清明过后是谷雨，春播早种农事急。
管好麦田种棉花，红薯水稻把苗育。
立夏小满分外忙，麦子油菜将登场。
夏收夏种转眼到，劳力农具排停当。
芒种夏至麦上场，农活收麦第一桩。
边收边打赶茬口，力争晚秋都种上。
小暑大暑入伏天，秋田管理要当先。
晚秋禾苗及时锄，防旱防涝抢时间。
立秋以后是处暑，早秋作物将成熟。
及时收割早入场，整地保墒莫耽误。
白露秋分收秋忙，五谷杂粮满地黄。
棉花吐絮红薯长，精收细打粒归仓。
过罢寒露是霜降，农事正值种麦忙。
小麦播后多查补，红薯刨后妥收藏。
立冬小雪天多霜，要变冬闲为冬忙。
小麦冬灌副业搞，农田冬耕要跟上。
大雪冬至到年终，计划列出新征程。
总结经验齐奋斗，再创业绩立新功。
小寒大寒春节连，新年新春喜开颜。
农家齐奔康庄道，马不停蹄再争光。

《十二月鸟歌》

月亮升，满天星，月圆星闪夜清静。
搬个凳子围着坐，听我唱个群鸟经。
正月里来正月正，百样鸟儿闹轰轰。

南曹农事之一　南曹街道办事处　供图

南曹农事之二　马健　摄

南曹农事之二　马健　摄

南曹农事之四　马健　摄

南曹农事之五　马健　摄

群鸟只把天河叫，笼里装的海棠青。
二月里来龙抬头，布谷鸟叫不住喉，
八哥学会人说话，百灵声声叫不休。
三月里来三月三，小燕衔泥往外蹿。
燕子卧在花梁上，雏燕叽叽叫的欢。
四月里来麦梢黄，黄鹂叫唤麦上场。
大麦小麦快收割，夏鸡催人叫声忙。
五月里来端阳节，羽屏一展是孔雀。
太平富贵显舞姿，欢快叫声人喜悦。
六月里来暑伏天，熟话鹌鹑顺手掂。
清晨起来凉凉风，这个精灵实在欢。
七月里来七夕到，喜鹊天河搭鹊桥。
一年一度天河会，牛郎织女泪未消。
八月里来八月圆，仙鹤衔桃把寿献。
长寿仙鹤陪寿星，贺寿同庆吉利年。
九月里来菊花黄，荷塘嬉戏是鸳鸯。
形影不离交颈眠，比翼同飞美成双。
十月立冬天气寒，大雁结队往正南。
漂洋过海去过冬，只等来年往回迁。
十一月来下大雪，饿的麻雀挠谷叶。
寻食躲在屋檐下，主人看见了不得。
十二个月一年整，最苦还算饿老等。
独立水边寻猎物，等等饿饿又一冬。

《人人变成老来少》

欢庆日，真热闹，大人小孩放花炮。

爷爷放个“穿云箭”，我放烟花冲云霄。

奶奶喜的拍手笑，爷爷乐的胡子翘。

奶说爷是“人来疯”，爷说奶是“老来俏”。

生活越来越美好，人人变成老来少。

居民生活 马健 摄

《元宵到》

元宵到，孩童笑。

灯笼相碰烧纸罩，面灯油尽是夜宵。

元宵到，人间闹。

烟花缤纷气冲宵，手散铁花称天骄。

元宵到，月更俏。

火把腾空四方耀，云灯追月他乡飘。

元宵到，元宵灶。

花灯猜谜何曾晓，唯有思念漫分秒。

歇后语

半夜梦南曹——想得到（稻）。

民间文艺

辖区民间文艺形式多样，内容丰富。其中，马家唢呐于2010年入选郑州市管城回族区第一批区级非物质文化遗产代表性项目名录，传承百年，享誉周边。有旱船、竹马、赶驴、张公背张婆、踩高跷等，在表演时演绎故事，风趣滑稽，群众统称为玩艺戏，很受欢迎。有舞龙、舞狮、盘鼓、秧歌等，场面壮观、伴乐激昂，为群众所喜爱。

马家唢呐

马家唢呐　南曹街道办事处　供图

马家唢呐世家传承，周边数县远近闻名。19世纪90年代，马家唢呐第一代学艺开班。到20世纪初，名气渐盛，经常到郑州、中牟、新郑、尉氏的乡村红白喜事及大型庆典活动上演出。20世纪50年代至60年代，马家唢呐更盛，第三代传承人马双喜叔伯兄弟五人都是演奏唢呐的好手。改革开放后，马家唢呐又有大的提高。以马西生、马红霞为代表的第四代、第五代传承人演奏技艺更加精湛。马西生7岁跟父亲学艺，后拜唢呐名家郝玉岐为师，他演奏的唢呐声音清晰、温和、柔软，代表作有《一枝花》《百鸟朝凤》等。1991年，在首届河南省“朱载堉杯”唢呐比赛中，获得唢呐状元奖；1993 年，在第三届中国郑州国际少林武术节“中原文化大观园”活动中获得第一名；2011 年，在首届全国新农村艺术展活动中获得“金土地奖”。

鸟虫篆

鸟虫篆又称鸟书或鸟虫书，是古汉字书法艺术的一种书体，是国家级非物质文化遗产。始于七千多年前的图腾文化，盛于商周时期。秦始皇统一文字时，定书体八种，鸟虫篆是其一。西汉初年，鸟虫篆为六体之一。2021—2022 年，管城回族区慈善总会、管城回族区鸟虫篆艺术馆联合举办“鸟虫篆”非遗文化传承慈善项目培训，由国家级非物质文化遗产鸟虫篆第三代传承人王祥云负责。辖区于美琴、李卓等 9 人参加培训。经考核，辖区于美琴、李卓被认定为鸟虫篆技艺传承人（第五代）。于美琴、李卓相继创作《中国梦》《沁园春 · 雪》等数十幅作品，并组织开展团扇送清凉、非遗进社区（村组）、非遗闹元宵等活动，让更多人认识鸟虫篆。

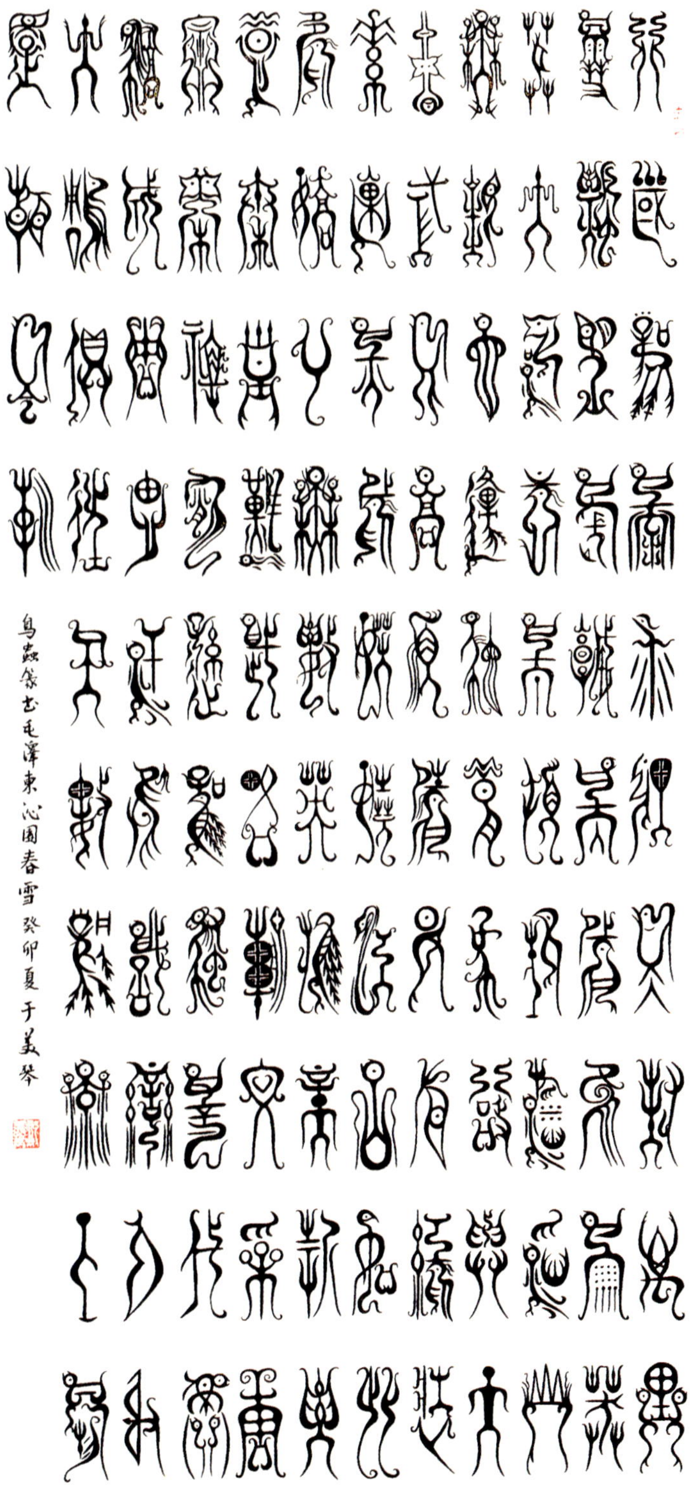

鸟虫篆作品《沁园春 · 雪》 南曹街道办事处 供图

古汉字书法——鸟虫篆 南曹街道办事处 供图

非遗“鸟虫篆”进社区 南曹街道办事处 供图

教科文卫

LOCAL RECORDS OF NANCAO

学校教育

在1919年之前，辖区教育主要以私塾为主，1923年，弓马庄办起了第一所新式学校——回民一小，至1948年，共有小学16所。中华人民共和国成立后，辖区教育得到飞速发展。1953年，各乡均建有小学。1982年，成立5个联中。2003年9月，南曹乡区划调整后，有小学17所、初中3所、高中1所、职专1所、中专1所。2018年1月，再次进行区划调整，截至2022年年底，辖区拥有幼儿园4所、小学9所、初中2所、高中1所，共有学生7477人、教职工672人。

郑州市第二十九中学

郑州市第二十九中学位于郑州市管城回族区南曹街道浔江中路29号，占地面积约6.67万平方米，建筑面积2.74万平方米。1956年建校，位于南曹村60号，为一所初级中学，至1968年发展成为一所完全中学，1978年取消初中部，1986年增设职高部，1995年迁至现址。截至2022年年底，学校有教学班33个，学生1600人，教职工144人。

郑州市第二十九中学运动会　南曹街道办事处　供图

郑州市第二十九中学学生风采　南曹街道办事处　供图

郑州市第二十九中学老照片　南曹街道办事处　供图

郑州市管城回族区第三中学

郑州市管城回族区第三中学位于郑州市管城回族区紫辰路 199 号，占地面积约 2.70 万平方米，建筑面积 1.40 万平方米。1978 年年初筹建，1978 年秋正式开学，原名为南曹人民公社中学。1997 年改称管城回族区第三中学。该校是全国中小学（幼儿园）品质课程实验校。截至 2022 年年底，学校有教学班 20 个，学生 915 人，教职工 86 人。

郑州市管城回族区第三中学　马健　摄

郑州市管城回族区第三中学课间活动　马健　摄

郑州市管城回族区第六中学

郑州市管城回族区第六中学位于南曹村 60 号，占地面积 1.54 万平方米，建筑面积 1.40 万平方米。1977 年 9 月建校，位于南曹村 124 号，原名南曹学校初中部。1978 年 9 月，曹古寺学校初中部与南曹学校初中部合并，学校更名为南曹联中。1981 年 9 月，中小学分开，初中部迁到南曹村市场街。1983 年 9 月，野曹学校初中部并入南曹联中。1996 年，整体搬迁到现址。1997 年，学校正式更名为郑州市管城回族区第六中学。1999 年，管城五中、管城七中并入管城六中。2004 年，管城四中并入管城六中。截至 2022 年年底，学校有教学班 18 个，学生 784 人，教职工 76 人。

南曹小学

南曹小学位于南曹村 124 号，占地面积 4183 平方米。1928 年建校，校址位于王家祠堂，校名为郑县第 34 义务小学。1948 年改名为郑县南曹完小，1956 年迁至现址。后更名为郑州市管城回族区南曹小学。南曹小学“旭日藤”打击乐团多次在全国、全省学生器乐节（管乐节）比赛中荣获一等奖。截至 2022 年年底，学校有教学班 18 个，学生 695 人，教职工 34 人。

管城区第六中学 马健 摄

南曹小学　马健　摄

南曹小学参加 2016 年“中华杯”中国第十届优秀行进管乐团队展演　南曹街道办事处　供图

王司李小学

王司李小学位于小湖村 3 号，占地面积 6679 平方米，建筑面积 3205.60 平方米。1940 年 9 月，开始招生。1958 年，搬迁至小湖村。1961 年，迁回王司李村。1972 年，学校由村内搬到村外，当时房舍为机制瓦房，后改为平房。1977 年，由初级小学发展成为高级小学。2012 年，建教学楼。王司李小学曾获得河南省书法教育特色实验小学称号。截至 2022 年年底，学校有教学班 9 个，学生 294 人，教职工 32 人。

毕河小学

毕河小学位于毕河村 1 号，占地面积 4050 平方米，建筑面积 1038 平方米。1953 年建校，校址在毕河村古庙内。1975 年迁至毕河村东部。1995 年，毕河小学为席村小学的教学点。2003 年，迁建至现校址。2009 年，重新恢复完小。截至 2022 年年底，学校有教学班 12 个，学生 234 人，教职工 20 人。

魏河小学

魏河小学位于苏庄村大魏河村东，占地面积 5768 平方米，建筑面积 1901 平方米。1950 年建校，校址在大魏河村戏房台。1953 年，扩建至六间教室、1 间教师宿舍。1983 年，建成一幢两层教学楼。1986 年，建成第二幢教学楼。2001 年，建成一幢 3 层教学楼。2019 年，因苏庄合村并城项目推进，学校整体搬迁到管城回族区外国语小学浔江路校区。2020 年 9 月，魏河小学并入管城回族区外国语小学浔江路校区。

席村小学

席村小学位于席村 2 号，占地面积 7553 平方米，建筑面积 6084 平方米。1953 年建校。1986 年之前席村小学变更多次地址，分别在小郑庄、刘村、崔庄等自然村。1986 年，学校搬迁到现址。1995 年，毕河小学、刘德城小学的五、六年级学生并入席村小学。2009 年，毕河小学恢复完小，毕河小学五六年级学生回毕河小学。2020 年 8 月，刘德

席村小学素质拓展实践活动　南曹街道办事处　供图

城村教学点并入席村小学。截至 2022 年年底，学校有教学班 12 个，学生 507 人，教职工 32 人。

野曹小学

野曹小学位于野曹村 2 号，占地面积 8918 平方米，建筑面积 2100 平方米。1953 年建校，位于野曹村中部，后几经搬迁。1974 年，迁至野曹村西。1977 年，设初中部。1983 年，村民集资建成南曹乡第一栋教学楼。同年 9 月，野曹学校初中部并入南曹联中。2005 年，学校迁至现址。2018 年，该校被教育部评选为“全国校园足球特色学校”。截至 2022 年年底，学校有教学班 11 个，学生 451 人，教职工 35 人。

张华楼小学

张华楼小学位于张华楼村 2 号，占地面积 4144 平方米，建筑面积 2283 平方米。1957 年建校，位于张华楼村北。2018 年搬至现址。张华楼小学为河南省花样跳绳特色学校。截至 2022 年年底，学校有教学班 8 个，学生 277 人，教职工 26 人。

野曹小学足球队　南曹街道办事处　供图

张华楼小学文艺演出　南曹街道办事处　供图

小李庄小学

小李庄小学位于小湖村 2 号，占地面积 6000 平方米，建筑面积 2161 平方米。1963 年建校。截至 2022 年年底，学校有教学班 8 个，学生 271 人，教职工 28 人。

管城回族区外国语小学虹彩路校区

管城回族区外国语小学虹彩路校区位于延顺路与春月街交叉口，占地面积 24884 平方米，建筑面积 20933.59 平方米，2021 年建校，截至 2022 年年底，学校有教学班 11 个，在校生 570 人，教职工 36 人。

南曹中心幼儿园

南曹中心幼儿园位于中州大道南三环橡树玫瑰城三期。占地面积 2000 平方米，运动场面积 794.87 平方米。2014 年建园，2015 年开始招生。2018 年，获得“全国足球特色幼儿园”称号；2020 年，获得“郑州市校园足球先进单位”称号。截至 2022 年年底，学校有教学班 6 个，幼儿 209 人，教职工 20 人。

南曹中心幼儿园足球教学　马健　摄

南曹中心幼儿园幼儿运动会　南曹街道办事处　供图

科技科普

20世纪50年代中后期，引进徐麦438等小麦品种并大面积推广。

20世纪60年代，引进小麦品种阿夫郑州3号、花生品种684、高粱品种小高粱等作物品种并推广种植，农作物产量有较大提升。

20世纪70年代初，引进玉米品种小籽黄并大面积推广种植。

1975年，南曹人民公社成立农业试验场，在刘德城村设玉米制种基地，推广种植玉米品种郑单2号。

20世纪80年代初，对辖区土壤进行普查化验，主要缺磷，号召增施磷肥。

20世纪80年代中后期，南曹乡农业试验场先后引进并大面积推广油豆沙、芦笋、田青等作物，取得很好的经济效益。

20世纪90年代，推广农业种植、畜牧养殖等技术。

2000年，推广蔬菜大棚种植技术，草莓种植面积达2平方千米。

2004年，南曹乡被河南省科技厅确定为“河南省科普示范点”；5月，开展“科技宣传周”活动。

2005年，在各村建立科普活动站，发放有关蔬菜种植技术资料5000余份。

2006年，组织开展农业科技专家下基层巡回演讲6次，发放各种农业科技小手册800多本。

2007年，组织郑州市蔬菜研究所、郑州果树研究所有关专家现场指导农业科技工作；建成张华楼村和南曹村两个科普书屋。

2008年，组织科技人才知识培训5次、农民专业技能提升培训4次、专题讲座2次、科普知识宣传3次，培训4000余人次，发放科普知识书籍4000余册。全国科普日期间，在郎庄小学开展以“创新放飞梦想 科技引领未来”为主题的科普大篷车进校园活动。

2009年以来，以科技宣传周活动为抓手，每年组织农业、卫生健康等方面知识讲座，增强群众科学意识。

2015年，成立橡树玫瑰城社区老年科普大学。

2016年，举办农村电商培训班，培训120人。

2017年，在南曹村、橡树玫瑰城社区、管城阳光实验小学建立科普e站3个。

2018年，开展文化、科技、卫生“三下乡”集中宣传活动，展出科普展板30余块，

21世纪初南曹乡草莓种植培训班　南曹街道办事处　供图

毕河村小魏庄花卉温室大棚　南曹街道办事处　供图

野曹村葡萄种植大棚 南曹街道办事处 供图

悬挂条幅 40 余条，现场发放《环境与健康读本》《应急科普常识》等资料 2000 余份，数千名村民参与。

2019 年，组织社区科普大学学员 100 多人分别到紫荆山公园、人民公园和碧沙岗公园参加郑州市“绿满郑州，花绘郑州”活动。

2020 年 8 月，开展科技宣传周活动，发放宣传彩页 20000 余张、宣传品 5000 多份。

2021 年，组织开展科普讲座 3 次，发放《环境与健康读本》等资料 1000 余份，科技惠民 3000 人，受益人次 5000 人。

2022 年，开展主题为“喜迎二十大，科普向未来”的系列宣传活动，发放宣传彩页 3000 余张，宣传品 1000 多份。

群众文化

中华人民共和国成立前，辖区文化设施极少，群众文化生活匮乏。中华人民共和国成立后，各村成立文艺队，利用晚上时间排练群众喜闻乐见的节目，在节假日演出，宣传党的政策、方针等。公社有电影放映队，居民在结婚、生子等喜事时会邀请电影放映队到村里放映电影。

改革开放以来，随着群众生活水平提高，闲暇时间增多，群众文化生活逐渐丰富起来。

1996年，举办南曹乡第一届农民文化艺术节，各村20余支文艺队伍500余人参加活动。

2006年，组织“闹元宵”“庆七一”等文艺宣传活动，各村进行多场文艺汇演。

2007年，乡文化站新建活动室，添置运动器械、图书、家庭影院等。2月，组织群众参加郑州市第九届歌曲戏曲大赛和管城回族区“欢乐中原”广场文化活动。张华楼村创建市级示范文化大院，苏庄村、小湖村、南曹村、毕河村、大湖村、野曹村等村加强文化大院建设，丰富群众文化生活。

2008年，乡文化站推进村级文化大院建设，开展“乡女子腰鼓”比赛等活动，组织参加郑州市盘鼓队比赛、廉政文艺巡回演出等活动。各村“庆七一”活动播放红色电影。

2009年，在金岱路十七里河桥东建设乡综合文化站，占地总面积2056平方米，总建筑面积587平方米，室外活动面积556平方米。设有图书阅览室、图书管理室、乐娱活动室、多功能活动室、棋牌室。室外活动广场有羽毛球场和篮球场。9月至10月，开展“红色电影月（9月）”“迎国庆 挂国旗 唱红歌”活动，在各村、学校、企业、工地等共播放电影100场，深受群众欢迎。

南曹乡农民文化艺术节之一 南曹街道办事处 供图

南曹乡农民文化艺术节之二　南曹街道办事处　供图

南曹乡农民文化艺术节之三　南曹街道办事处　供图

南曹乡农民文化艺术节之四　南曹街道办事处　供图

南曹乡农民文化艺术节之五　南曹街道办事处　供图

南曹乡农民文化艺术节之六　南曹街道办事处　供图

2010年，乡文化站指导各村建设农村书屋。春节前组织“送春联 迎新春”活动。2月，组织辖区文艺队参加郑州2010年“龙腾虎跃闹新春”春节民间大巡演活动。在“郑州市2010年民间文艺展演（舞狮、曲艺）”中，马西生演奏的唢呐《一枝花》获得第一名，崔庄舞狮队获得第二名。4月，举办送医送健康送文艺活动、乡综合文化站建成文艺汇演。9月，举办“迎国庆”民间艺术演出等活动。各村利用农村文化大院自娱自乐，举办农民红歌会、农民运动会等活动。

2011年，推进农村书屋建设，乡综合文化站图书阅览室藏书25000册，13个村级农家书屋藏书量4500 ~ 5000册不等，报刊70 ~ 95册，可以满足20 ~ 50人同时阅读。2月，组织舞龙队参加“绿城广场郑州市2011年民间文艺展演”活动。6月，举办“纪念建党90周年红色电影周”活动，在各村文化大院播映100场。

2012年3月，举办“三八”妇女节拔河、篮球比赛。6月，举办“安全生产月”大型文艺宣传活动。

2013年，在春节、元宵节、五四青年节、建党节等节日，举办拔河、乒乓球、篮球、羽毛球等文体活动。以“书香中成长，希望里起飞”为主题，举办“六一”儿童节文艺汇演。

2014年，建设橡树玫瑰城社区儿童之家，配有电脑、投影仪、沙盘、摄像机、图书等设施。依托乡综合文化站每月推介诵读一批好书，开展“练内功优服务 修品德树形象”为主题的读书活动。

2015年，在春节、元宵节、端午节、建党节、中秋节等节日组织群众开展“送春联，迎春节”“邻里情”象棋比赛等文化娱乐活动。

2016年，乡综合文化站因郎庄村合村并城项目搬至乡机关大院。各村组织开展多场文化惠民演出活动。

2017年，6月至7月开展“庆七一”系列文艺活动。此外，各村开展“庆三八”“闹元宵”“文明祭祀扬新风”等文体活动。

2018年，开展“红色文艺轻骑兵下基层”“庆祝改革开放40周年”“快乐星期天”等文化活动60余场。

2019年，开展“庆祝建党九十八周年”“快乐星期天”等文化活动80余场。文化站搬至南曹村党群便民服务中心。各村开展“粽香情”“重阳敬老”等活动。

2020年，组织各村文艺队参加管城回族区“迎百花庆十一”系列文化活动；组织辖区居民在2020年金鸡百花电影节“星空放映”点（二十里铺村）观影。

太极拳表演　南曹街道办事处　供图

戏曲进乡村之一　马健　摄

戏曲进乡村之二 马健 摄

2021年，组织开展“戏曲进乡村”文化惠民、红色电影展演、红歌比赛等活动，庆祝中国共产党建党100周年。

2022年，组织开展“美丽庭院”建设、“喜迎党的二十大”等活动。依托“我们的节日”开展春节、清明、中秋、国庆等节日系列活动。

南曹农民文化艺术节 1996年举办第一届，至2022年已经举办25届，是南曹街道的一张文化名片。南曹农民文化艺术节紧扣时代主题，每年正月十五举办，以“农民演、农民唱，演农民、唱农民”为特色，辖区居民自编自演，有舞狮、盘鼓、旱船、赶驴、秧歌、歌舞、戏曲等表演形式，展现乡风、演绎乡情，反映农村新风尚，推动移风易俗，丰富群众文化生活。同时以艺术节为载体，开展文化、科技、卫生“三下乡”活动和市、区、乡三级医疗机构义诊活动，提高群众获得感和幸福感。

南曹农民文化艺术节之一　南曹街道办事处　供图

南曹农民文化艺术节之二　南曹街道办事处　供图

南曹农民文化艺术节——文化下乡活动 南曹街道办事处 供图

医疗卫生

南曹乡卫生院（管城回族区第二人民医院）

南曹乡卫生院位于金岱路211号，占地面积20000平方米，建筑面积约14000平方米，内设科室20个，有职工233人，辖村卫生所21个，是河南省示范中医馆、全国“群众满意的乡镇卫生院”、全国优质服务基层行推荐单位。

卫生院始建于1961年，初名南曹联合诊所，位于南曹村郑尚线潮河桥北100米。1963年，更名为南曹人民公社卫生院，业务用房面积450平方米，职工11人。1983年，更名为南曹乡卫生院。1986年1月，乡卫生院迁至南曹村市场街，职工32人。2006年，乡卫生院新院区项目启动。2008年，实现村级医疗卫生服务网络全覆盖，建设标准化村卫生室14所。2009年5月，乡卫生院新院区建成，迁入现址。2013年5月，卫生院消毒

南曹卫生院义诊活动　南曹街道办事处　供图

南曹卫生院康复中心　马健　摄

供应室通过验收。2014 年，医学影像中心投入使用。2016 年，成立志愿服务队，在辖区 14 个行政村开展义诊活动 28 次；9 月，南曹乡卫生院腾飞路西分院建成投用，位于腾飞路 4 号。2017 年，与郑州大学第五附属医院合作建设康复基地。2018 年，选派医疗骨干参与管城回族区卫健委组织的“走进双槐树乡关爱健康扶贫”大型义诊活动。2020 年，发热门诊建成。

精神文明建设

1991 年，开展“学雷锋、学焦裕禄、学王进喜、学赖宁、在农村评定十星级文明农户”的“四学一评”活动，开展“看郑州、爱家乡、比贡献”“热爱郑州、增辉郑州”等活动。

1992 年，组织开展农村奔小康宣传教育活动，在村和村之间开展先富带后富“手拉手”活动。

1994 年，开展“社会公德教育”“我为振兴管城献良策”“建国 45 周年征文比赛”等活动。组织党员群众观看以宣传先进人物、经济发展成果和模范事迹为主要内容的管城回族区大型图片展览。

1996 年，开展“郑州精神”“管城精神”宣传活动。

1997 年，邀请爱国教育报告团到辖区中小学作爱国主义教育报告 5 场；6 月，组织 20 名少年儿童参加“迎回归、颂祖国”50 米长卷书法绘画展。

1998 年 3 月，播放《前进中的管城》电视专题片和“改厕”专题片，激发辖区居民爱岗敬业、热爱家乡、建设家乡的热情。

1999 年 5 月，举办“创建杯”知识竞赛和环保知识竞赛，普及环保、卫生、保健等方面知识；9 月，开展庆祝中华人民共和国成立 50 周年系列活动；12 月，开展迎澳门回归系列教育活动。

2000 年，把唱响“三颂”（祖国颂、社会主义颂、改革开放颂）同满足城乡居民精神文化生活需要紧密地结合起来，开展爱国主义、社会主义、集体主义和党的路线方针政策教育。“十一”期间，组织升国旗、演讲比赛、合唱比赛等形式多样的爱国主义教育活动 14 场。

2001 年 6 月，以纪念建党 80 周年为主题开展系列宣传活动；组织开展“爱管城、树形象、促稳定、比贡献”系列宣传活动。

2002 年，组织多支志愿队，广泛开展活动，助力郑州市创建全国文明城市工作。

2003 年，围绕“诚信”主题，以“争做诚实守信管城人”为口号，开展诚信教育宣传活动，全面推行政务公开服务进厅、窗口办文、廉政监督、承诺服务等系列诚信制度，发放《诚信教育读本》2000 余本，在企事业单位中推出示范典型 2 家。

2004 年，开展“讲文明、讲卫生、讲科学、树新风”和月评“文明市民”活动，引导群众学习科学知识，树立科学精神，养成健康文明的生活方式。

2005 年，开展“三优一争”（优化学校、家庭、社会教育环境、争当合格建设者和可靠接班人）活动，加强未成年人思想道德建设。

2006 年，组织志愿者开展“清理卫生死角、清理小广告”活动，营造干净整洁的生活环境。

2007 年，开展家庭和美、邻里和睦、人际和谐“三和”行动，开展和谐村庄、和谐校园、和谐单位、和谐家庭创建活动；开展文明单位、文明村镇、文明行业和文明市民评选等精神文明创建活动。

2008 年，各村贯彻落实以“八荣八耻”为主要内容的社会主义荣辱观，完善修订村规民约，加强精神文明建设。

2009 年，组织开展婚育新风进万家活动，宣传人口文化，引导群众树立科学、文明、进步的婚育观念。

2010 年，开展“星级文明户”评选活动，树立先进典型，倡导文明村风民风。

2011 年，开展保护山川河流志愿服务活动。

2012 年，举办“道德讲堂”4 期，其中“道德讲堂之好媳妇张瑞霞”在郑州市文庙广场举行，在全区引起热烈反响；开展关爱空巢老人志愿服务工作，

2013 年，举办“道德讲堂”4 期；开展“文明家庭”“文明农户”“敬老好媳妇”“五好文明家庭”“双学双比能手”“文明市民标兵”评选活动，推介一批先进典型，加强社会公德、职业道德、家庭美德和个人品德建设。南曹乡获得“河南省文明村镇”称号。

2014 年，组织志愿者 230 余名，在七里河村、尚庄村、南曹村等村，清理环境卫生，规范市场秩序和个人行为，践行社会主义核心价值观。

2015 年，推进“讲文明 树新风”公益广告宣传活动，开辟宣传栏、户外广告等宣传阵地 20 余处；推进“美丽乡村文明家园”建设，持续开展“清洁家园”行动。

2016 年，姚庄等村成立志愿者队伍，为老人义务理发。南曹乡卫生院开展“党员先

锋行”志愿服务义诊活动，切实把志愿服务做到基层、走进家庭。南曹乡获得“河南省文明村镇”称号。

2017年，组织志愿者，督促沿街商户落实“五包一”制度，做好全国文明城市创建、国家卫生城市创建工作。

2018年，宣传《郑州市文明促进条例》，引导辖区居民自觉做良好道德风尚的践行者，做社会文明进步的推动者。

2019年，各村利用村党群服务中心，开展“粽香情”“重阳敬老”“快乐星期天”等文体活动，引领积极向上、健康和谐新风尚；9月，组织多支志愿者队伍为第十一届少数民族传统运动会做服务保障工作。南曹乡获得“河南省文明村镇”称号。

2020年，组织党员群众志愿者2000余人，参与城乡接合部环境综合整治行动，助力改善辖区人居环境。

2021年，组织“道德讲堂”“最美家庭”先进评选表彰活动，弘扬真善美，传播正能量。

2022年，组织开展书法展、“彩虹”跑、戏曲表演等文化活动20多场。

张华楼村精神文明宣传栏　马健　摄

张华楼村村民公约　马健　摄

小湖村“重阳敬老”活动　南曹街道办事处　供图

街区管理

LOCAL RECORDS OF NANCAO

环卫管理

1984 年，南曹乡设立环境保护科。

1990 年，开展乡村工业污染源排查工作。

1997 年，开展农村改厕工作，共建成双瓮漏斗式厕所 7826 个；成立乡创建全国卫生城市办公室，具体负责环境卫生管理工作。

1998 年，开展排放污染物申请登记工作。

2002 年以来，每年开展“三夏”“三秋”禁烧及秸秆综合利用工作。

2004 年，建成小湖、苏庄等 5 座垃圾中转站，解决农村垃圾积存问题。

2006 年，开展航海东路、南四环、郑州机场高速公路、郑新快速路、郑州西南绕城高速公路及出入市口环境卫生整治行动。

2007 年，以改水改厕为重点，开展创建卫生村镇工作；开展“健康卫生户”的评比活动。

2008 年，建设垃圾中转站，实现辖区所有村庄全覆盖。

2009 年，城乡环境卫生实行“一把手”负责制和班子成员分包制和责任追究制；开展清理卫生死角、乱贴乱画，整治占道经营行动。

2010 年 5—10 月，集中整治城乡卫生环境工作，拆除私搭乱建 10.80 万平方米，清理出卫生死角 180 余处，清除生活垃圾 1.40 万立方米，靓化墙体立面 2.50 万平方米；建设垃圾中转站 2 个。

2011 年，张华楼村、南曹村等 14 个垃圾中转站建成并投入使用。

2013 年，成立南曹乡环卫所，建立农村环卫保洁队伍，将小湖村、南曹村列为试点村；综合改造小李庄小学、王司李小学、席村小学、毕河小学、南曹小学 5 所学校的厕所、大门、围墙等；整治道路、桥梁、路灯；整改燃煤锅炉 23 个。

2014 年 4 月，建立南曹乡夜班巡查中队，主要负责整治夜间违规偷倒垃圾等工作；8 月，美化主干道两侧墙体立面，集中清理沿线积存垃圾、杂物等。

2015 年，开展大气扬尘综合治理，实施全年禁烧，淘汰黄标车 538 辆。

2016 年 3 月，成立南曹乡城市精细化管理协管中队，主要负责城市精细化管理，包含占道经营、突店经营、违章广告、市政设施故障上报等；9 月，开展三环内及南部路网市政道路保洁工作，建立市政道路保洁队伍。

2017 年，落实“路长制”，建立路长制队伍，由乡党委书记、乡长担任一级路长，乡班子成员为二级路长，各村两委成员为三级路长，协管中队为巡查员，环卫督查为监督员；673 家餐饮企业、门店安装油烟净化装置，集中整治散乱污企业 1078 家。

2018 年，辖区禁止饲养家畜家禽；开展“全城清洁”活动 40 余次，集中清理社区楼院楼顶、道路绿化带及道路外缘空地等处垃圾。

2019 年，推行“路长制”管理模式，开展市政设施、施工围挡、城市家具、环境卫生、防汛除雪、绿化带、街面秩序、沿街立面、架空线缆、门前“四包”等工作。

2020 年，开展“千百十”（千条优秀路段、百条卓越路段、十条极致路段）道路创建工作，成功创建优秀道路 14 条、卓越道路 1 条；组织开展“全城清洁”行动 50 余次；对中华路、拥军路、强国路进行绿化提升；对浔江中路等道路进行绿化亮化提升；大湖村等 7 座小型污水处理站点建成；南曹污水处理厂开工建设。

2021 年，对中华路、浔江中路、拥军路、欣花路等主要道路进行环境卫生综合提升工作，清理主要道路两侧破损广告约 3000 平方米，维修道路破损 135 处，平整绿化路面两侧面积 20000 余平方米。

2022 年，开展主要道路环境卫生综合提升，养护草坪 15000 余平方米；开展围挡专项整治行动，拆除、清洗围挡 2 万余平方米，切割超高围挡 3100 余平方米；创建示范道路 18 条，配合建设公交站台 8 个。

浔江中路绿化亮化提升 马健 摄

强国路绿化亮化提升　马健　摄

欣花路环境卫生综合提升　马健　摄

滨河公园绿化养护之一 马健 摄

滨河公园绿化养护之二 马健 摄

治安管理

2009 年，各村组建义务巡防队，增强治安巡防力量。

2010 年，成立乡综治中心和村级综治工作站，规范调解委员会和治保会职责，加强人民调解队伍的建设。

2011 年，成立南曹乡大调解工作领导小组，形成以乡大调解中心为主导，以各村调解委员会为基础，各部门通力协作的新型大调解组织网络。

2012 年，建立南曹乡视频监控中心，在重点部位共增配动态视频监控点 62 个，覆盖 14 个行政村的主要街道和重点区域；每月开展房屋出租和流动人口排查登记工作。

2013 年，在 13 所中小学周边安装警示牌和减速带，确保中小学生上下学道路安全；在 5 个流动人口较大的郎庄村、姚庄村、南曹村、野曹村、席村安装 65 个平安摄像头；9—12 月，组织开展“十万群众助雷霆”行动，警民联手，维护辖区社会平安稳定；12 月，建成 9 个村级综治工作站。

2014 年 6—8 月，联合工商、派出所等部门开展集中清理“五小场所”（即小餐饮店、小美容美发店、小公共浴室、小旅馆、小歌舞厅）行动。

开展“5·12”防灾减灾日宣传　南曹街道办事处　供图

南曹村防溺水宣传　南曹街道办事处　供图

2015 年，开展“平安南曹”创建工作；开展“防灾减灾”宣传活动。

2016 年，开展治安宣传活动 4 次，发放《致辖区居民的一封信》5000 余份、《治安防范常识》8000 余份、宣传品 3000 余份，提升群众安全防范意识和安全感。

2017 年，在七里河村、尚庄村安装 42 个监控摄像头，在腾飞路社区建立监控中心，实现巡防、监控一体化办公。

2018 年，在辖区水域设置安全警示牌 38 个，增加巡防频次，预防未成年人溺亡。

2019 年，开展群防群治行动，组织辖区 1500 余名党员群众加入平安志愿者队伍，助力第十一届全国少数民族传统体育运动会。

2020 年 7 月，组建南曹街道巡防中队，加强治安巡逻；8 月，开展“以案释法”宣传教育活动。

2021 年，扎实开展普法、网络安全周、防范电信诈骗等宣传活动 20 余次，发放宣传页 1.5 万份，参与群众 2.1 万余人次。

2022 年，成立南曹街道办事处诉调对接中心；扎实开展普法、防范电信诈骗等宣传活动 10 余次，发放宣传页 8000 余份，参与群众 1.1 万余人次。

防诈骗宣传 南曹街道办事处 供图

人口管理

1990 年，南曹乡开展春、秋两季生殖健康进家庭优质服务活动。

1996 年起，南曹乡连续通过“南曹乡农民文化艺术节”开展大型宣传活动，倡导婚育新风尚。

2004 年，辖区出生婴儿 872 名；开展生殖健康、婚育新风等宣传活动 11 次，发放叶酸 1744 盒。

2005 年，辖区出生婴儿 881 名；开展春、秋两季生殖健康进家庭优质服务活动，发放叶酸 1710 盒；5 月，在流动人口集中地尚庄村和金岱李市场建立南曹乡流动人口管理服务中心，设有 4 个服务窗口，推行流动人口“一站式”管理。

2006 年，辖区出生婴儿 818 名；开展春、秋两季生殖健康进家庭优质服务活动，发放叶酸 1636 盒；5 月，组织开展婚育新风进万家知识竞赛和关爱女孩行动知识普及暨竞赛活动。

2007 年，辖区出生婴儿 799 名；5 月，开展关爱女孩主题的绘画比赛；开展春、秋两季生殖健康进家庭优质服务活动，发放叶酸 1598 盒。

2008 年，辖区出生婴儿 875 名；1 月，南曹乡开展“关怀关爱流动人口 过好温馨团圆春节”和妇科病免费普查活动；6 月，组织开展“生育关怀 亲情牵手”行动；开展春、秋两季生殖健康进家庭优质服务活动，发放叶酸 1612 盒。

2009 年，辖区出生婴儿 845 名；开展春、秋两季生殖健康进家庭优质服务活动，发放叶酸 1690 盒。

2010 年，辖区出生婴儿 873 名；开展春、秋两季生殖健康进家庭优质服务活动，发放叶酸 1825 盒。

2011 年，辖区出生婴儿 969 名；开展春、秋两季生殖健康进家庭优质服务活动，发放叶酸 1938 盒。

2012 年，辖区出生婴儿 1162 名；发放叶酸 2324 盒；开展春、秋两季生殖健康进家庭优质服务活动。2012 年起，组织适龄夫妇参加孕前优生健康项目检查，截至 2019 年，累计组织 2447 对夫妇参加孕前优生健康项目检查。

2013 年，辖区出生婴儿 1168 名；发放叶酸 2388 盒；6 月，开展关爱儿童健康行动和“关爱流动人口”宣传活动；9 月，开展“美丽有约 健康为本——育龄妇女生殖健康知识讲座”活动；10 月，开展流动人口“送温暖、送服务”活动，发放优生优育知识宣传页 3000 余份；开展春秋两季生殖健康进家庭优质服务活动。

2014 年，辖区出生婴儿 1209 名；发放叶酸 3328 盒；2 月，开展免费孕前优生健康检查项目宣传月活动；7 月，开展“7.11”宣传活动，发放优生优育知识等宣传折页 2000 余份；开展春、秋两季生殖健康进家庭优质服务活动。

2015 年，辖区出生婴儿 987 名；发放叶酸 4635 盒；开展春、秋两季生殖健康进家庭优质服务活动；6 月，开展“关爱流动人口”活动。

2016 年，辖区出生婴儿 1480 名；发放叶酸 6256 盒；组织辖区 260 名育龄妇女参加“两癌筛查”活动；2 月，开展“优生优育映佳节”为主题的宣传活动，发放宣传品 4000 余份、宣传资料 8000 余份；在橡树玫瑰城社区开展远离肿瘤疾病健康、育龄妇女生殖健康知识讲座活动 2 期，发放宫颈癌防治知识手册等宣传资料 500 余份。

2017 年，辖区出生婴儿 1691 名；发放叶酸等预防出生缺陷干预药物共计 6893 盒；10 月，积极开展“世界避孕日”主题宣传周活动，发放宣传折页 8000 余份，水盆等宣传品 400 余份。

2018 年，辖区出生婴儿 1667 名；发放叶酸等预防出生缺陷干预药物共计 7563 盒；开展优生优育等宣传活动 7 次，发放宣传页 10000 余份，宣传品 500 余份。

2019 年，辖区出生婴儿 1629 名；发放叶酸等预防出生缺陷干预药物共计 8789 盒；开展“7.11”世界人口日、老年健康宣传周等宣传活动，发放宣传页 8000 余份、宣传品 400 余份。

2020 年，辖区出生婴儿 456 名；组织 105 对夫妇参加孕前优生健康检查；开展优生优育等宣传活动 6 次，发放宣传页 3000 余份；发放叶酸等预防出生缺陷干预药物共计 1132 盒；开展职业病防治监督检查工作，对辖区 177 户工业企业进行全面监督检查；开展“尊老敬老月”和“老年健康宣传周”活动。

2021 年，辖区新出生婴儿 284 名；组织 76 对夫妇参加孕前优生健康检查；开展育龄妇女健康检查及“两癌”筛查健康工程；发放叶酸等预防出生缺陷干预药物共计 465 盒。

2022 年，辖区新出生婴儿 254 名；发放叶酸等预防出生缺陷干预药物共计 429 盒；开展免费孕前优生健康检查宣传，发放宣传册 3000 余份；开展老年健康宣传周活动，发放宣传页 5000 余份。7 月，南曹街道办事处养老中心建成运营，负责辖区特困人员养老，提供日间照料、紧急托养等社区居家智慧养老服务；开展省、市老年友好型社区创建工作。12 月，苏庄村获评 2022 年郑州市老年友好型社区。

南曹街道办事处养老中心　南曹街道办事处　供图

街区人物

LOCAL RECORDS OF NANCAO

郑大林

郑大林（1908—1968），曾用名郑自其。男，单庄村人。1930年参加中国工农红军。1932年加入中国共产党。土地革命时期，任皖西北特区保卫局军事教员，红四方面军第四军十二师特务营连长，第九军二十五师七十四团副营长、营长，红四方面军总后方医院第三分院政治部组织科科长等职务。参加了长征。抗日战争时期，任中国人民抗日军政大学第一分校队长，八路军山东纵队第三支队营长，第三旅七团团长，渤海军区直属团团长，山东军区警备第六旅副旅长。解放战争时期，任东北民主联军第六纵队十七师副师长，东北野战军第三纵队九师师长。中华人民共和国成立后，任第二十五步兵学校校长，军事体育学校校长，湖北省军区副司令员。1955年被授予少将军衔。

李其伍

李其伍（1932—2021），男，小湖村小李庄人，中国共产党党员。1950年6月参加中国人民解放军。1951年2月志愿加入中国人民志愿军，先后参加抗美援朝第五次战役和保卫马良山积极防御战。1958年复员返乡。荣立个人二等功一次、个人三等功两次。2020年10月，被授予“中国人民志愿军抗美援朝出国作战70周年”纪念章。

南曹街道办事处烈士英名表

姓名	性别	出生年月	籍贯	入伍时间	牺牲地点	牺牲时间	职务
杨国俊	男	1920年2月	东尚杨村	1947年2月	在淮海战役中负重伤后于郑州市牺牲	1952年9月	战士
于学明	男	1924年	苏庄村于庄	1945年	云南省	1948年11月	排长
岳中堂	男	1924年	小湖村王司李	1948年10月	朝鲜战场失踪	1950年	战士
于培显	男	1926年	苏庄村于庄	1949年10月	云南省丘北县	1951年	班长
卢广清	男	1927年	席村	1950年11月	浙江省江山岛	1955年1月	班长
耿秀成	男	1928年4月	耿庄村	1949年1月	云南省巧家县	1950年8月	战士
李俊喜	男	1930年	小湖村小李庄	1948年2月	广东省失踪	1949年	战士
邵鸿飞	男		南曹村	1949年12月	河北省青县失踪	1951年3月	文教
魏金成	男	1942年	张华楼村	1960年8月	青海省	1963年9月	战士
马国珍	男	1945年	小湖村方庄	1971年7月	郑州小李庄火车站	1971年10月	战士

大事记

小李庄火车站 马健 摄

1913 年，郑州改为郑县，属郑县人和区。

1917 年，小李庄火车站建成并投入使用。

1923 年，弓马庄建立本地区第一所新式学校——回民一小。

1928 年 3 月，南曹小学建校，位于王家祠堂，校名为郑县第 34 义务小学。

1941 年，属郑县南曹乡。

1948 年 11 月，郑县划为 6 个区，属郑县第四区，区公所设在南曹村。

1951 年 2 月，启动土地证颁发工作。

1952 年，各村均成立“扫盲班”和农民“识字速成班”。

1954 年 2 月，郑州市郊区区划调整，由 8 个区划为 5 个区，属郑州市郊区南曹区，区政府由曹古寺迁至十八里河。

1955 年 9 月，郑州市郊区撤区，设 55 个乡，属郑州市郊区二郎庙中心乡。

1958 年 10 月，小魏庄水库建设动工。

1959 年 4 月，开展土地园田化建设工作。

1960 年，成立南曹人民公社；12 月，小魏庄水库竣工。

1961 年 5 月，郑州市郊区区划调整，属郑州市郊区十八里河区。

1963 年 9 月，召开南曹人民公社第五届人民代表大会。

1964 年，启动 S102 郑新路硬化项目。

1969 年 1 月，建立中国共产党郑州市郊区南曹人民公社委员会。

1970 年，召开中国共产党郑州市郊区南曹人民公社第一届党员代表大会。

1975 年，成立南曹人民公社电影队。

1977 年，开展农田基本建设工作，平整土地面积约 3.34 平方千米。

1980 年 8 月，召开南曹人民公社第六届人民代表大会，会议选举产生了公社管理委员会。

1981 年，开展宅基地统一丈量工作；12 月，张华楼大队划分为大湖、张华楼、李马庄 3 个大队。

1983 年 5 月，撤销人民公社改乡，成立南曹乡。

1987 年 3 月，属郑州市管城回族区。

1987 年 11 月，启动万亩杂果园建设工作。

1991 年，栽种“四旁”林 6.50 万株，营造片林 9 万株，培育苗木 10 万平方米。

20 世纪 70 年代末开展农田基本建设之一　南曹街道办事处　供图

20 世纪 70 年代末开展农田基本建设之二　南曹街道办事处　供图

果园——杏林　马健　摄

1991年5月，成立乡村镇规划建设环保所。

1992年，成立农村初级卫生保健委员会，开展改厕工作。

1993年，启动南曹中学（管城六中）扩建建设、郑尚线南曹段拓宽等项目。

1994年，X015郑尚线拓宽动工。

1995年2月，启动“基本农田保护”集体土地确权发证工作；尚庄村、郎庄村、弓马庄村、七里河村、西尚岗杨村被中共郑州市委、郑州市人民政府命名表彰为1994年小康村。

1996年3月，举办第一届农民文化艺术节。

1996年5月，福寿苑开工建设。

1996年7月，螺蛭湖村被中共郑州市委、郑州市人民政府命名表彰为1995年小康村。

1996年，完成第一次全国农业普查工作。

1997年，螺蛭湖村奶牛养殖基地建成。

1998年，启动大面积沙荒综合治理示范工程。

1999年3月，南曹乡第十二届人民代表大会召开。

2000 年 3 月，启动林权清查登记工作。

2000 年 5 月，成立非公有制经济发展科。

2000 年 6 月，辖区各村《村庄规划》编制完成。

2000 年 4 月，河南金鹭鸵鸟游乐园开业；10 月，南曹福寿苑建成并投入使用。

2001 年，梁湖村、二郎庙村、司赵村农业观光示范园开工建设。

2002 年 5 月，成立乡治安联防大队、乡劳动社会保障服务中心。

2003 年 9 月，区划调整，辖南曹村、大湖村、野曹村、张华楼村、李马庄村、毕河村、刘德城村、席村、苏庄村、小湖村、郎庄村、姚庄村、尚庄村、七里河村等 14 个行政村。

2003 年 10 月，张华楼村科技示范园开工建设。

2004 年 4 月，南曹乡落实免征农业税和对种粮农民进行直接补贴政策。

2004 年 5 月，金岱产业集聚区建设启动。

2005 年，在张华楼村试点推广沼气池；实施农村安全饮用水工程，在李马庄、苏庄、魏河打深水井 3 眼。

2006 年 3 月，潮湖湿地生态公园项目开工建设。

小魏庄水库 马健 摄

潮湖湿地　马健　摄

20 世纪初的刘南岗村回迁小区　南曹街道办事处　供图

2006 年 5 月，刘南岗城中村改造项目启动。

2007 年，张华楼村被郑州市列为新农村试点村；张华楼村、大湖村、李马庄村启动生态林业村创建工作。

2008 年 3 月，大湖村被郑州市列为新农村试点村。

2008 年 6 月，郑州公交车 323 路东线开通。

2008 年 7 月，七里河城中村改造项目启动。

2008 年 8 月，刘南岗安置一期回迁，安置面积 3.6 万平方米。

2008 年 9 月，组织文艺队参加第十届亚洲艺术节花车巡游活动。

2009 年 3 月，京广高铁南曹乡段开工建设；南曹乡启动十七里河、十八里河河道治理工作。

2009 年 7 月，启动南水北调中线一期工程总干渠前期准备工作。

2009 年 10 月，刘南岗安置二期回迁，安置面积 17.4 万平方米。

2009 年 12 月，大湖村蘑菇种植基地建成。

2010 年，实施安全饮用水工程，在毕河、席村、于庄、庞庄打深水井 4 眼。

2010 年 3 月，尚庄村第一、二村民组城中村改造启动。

2010 年 8 月，南水北调中线一期工程总干渠南曹段开工建设。

2011 年，管城回族区文物局在南曹乡小郑庄遗址（南水北调中线干渠建设时抢救性发掘）发现汉代陶井两处；南曹小学、张华楼小学改建工程竣工。

2012 年 3 月，郑新快速路生态廊道建设启动。

2012 年 4 月，苏庄村（苏庄、魏河）合村并城项目启动。

2012 年 12 月，七里河村安置房一期回迁，安置面积约 16 万平方米。

2013 年 3 月，金岱李（尚庄村第五、六村民组）城中村改造项目启动；中华路道路建设项目启动。

2013 年 10 月，管城回族区南部路网建设项目启动，辖区涉及金岱路、浔江中路、紫辰路、商达路、豫六路、富盛路。

2013 年 11 月，小姚庄村合村并城项目启动。

2013 年 12 月，七里河村安置房二期回迁，安置面积约 12 万平方米。

2014 年 5 月，七里河村安置房三期回迁，安置面积约 12 万平方米。

2014 年 10 月，金岱路、浔江中路、紫辰路等道路开工建设。

2015年5月，姚庄村（不含小姚庄）合村并城项目启动。

2015年7月，郎庄村（郎庄、河西村）合村并城项目启动。

2015年8月，尚庄村一、二组村安置房一期回迁，安置面积23.58万平方米。

2015年8—12月，开展黄标车淘汰治理工作。

2016年2月，郑州机场高速公路、郑州西南绕城高速公路生态廊道建设启动。

2016年3月，南曹村合村并城一期（后庄）项目启动。

2016年4月，刘德城村合村并城项目启动。

2016年5月，小湖村合村并城一期（小魏河）项目启动。

2016年6月，李马庄村合村并城项目启动。

2016年9月，小湖村合村并城二期（方庄、棘针林、小李庄）项目启动。

2016年10月，小郎庄村合村并城项目启动。

2017年3月，小湖村合村并城三期（王南岗、王司李、小侯庄、小湖）项目启动；尚庄村一、二组村安置房二期回迁，安置面积约7万平方米；十七里河生态廊道苏庄段启动。

2017年4月，开元盛世文化产业园（南曹新村、杨园）合村并城项目启动。

小湖村合村并城项目 马健 摄

十七里河生态廊道　马健　摄

2017 年 4—8 月，开展“散乱污”企业专项整治工作，累计整治企业 1078 家。

2017 年 5 月，郑州市环城生态水系循环工程南曹段开工。

2018 年 1 月，郑州市人民政府下发《郑州市人民政府关于撤销管城回族区南曹乡设立南曹和金岱 2 个街道办事处的批复》。

2018 年 6 月，小姚庄安置房一期回迁，安置面积约 4 万平方米。

2019 年 1 月，南水北调生态文化公园、徐兰高铁生态廊道、京广高铁生态廊道建设启动。

2019 年 5—9 月，做好全国第十一届少数民族传统运动会筹备保障工作。

2019 年 9 月，苏庄村安置房一期回迁，安置面积 9.4 万平方米。

2019 年 11 月，南曹村安置房一期回迁，安置面积约 15 万平方米。

2019 年 12 月，撤销中国共产党南曹乡委员会，设立中国共产党南曹街道党工委。

2020 年，开展疫情防控工作，坚持人民至上、生命至上，最大程度保护辖区居民生命安全和身体健康。

2020 年 3 月，小李庄火车站周边区域被列为 32 个城市建设核心板块之一。

2020年4月，张华楼村、大湖村美丽乡村建设启动。

2020年4—12月，开展城乡结合部综合整治工作。

2020年7月，刘德城村、小湖村（王南岗、小魏河）及部分席村村民一期回迁，安置面积约24万平方米。

2021年7月19—21日，遭受特大暴雨灾害，组织防汛救灾及灾后重建，累计投入资金675万元。

2021年12月，南曹村进行二期安置房回迁，安置面积约12万平方米。

2022年6月，苏庄村进行二期安置房回迁，安置面积11.23万平方米；郑州南站（原小李庄火车站）及郑州南站枢纽产业园启动建设。

口述史

LOCAL RECORDS OF NANCAO

抗美援朝老兵的自述：一枚徽章七十年

口述：李其伍
整理：樊　月

我叫李其伍，1932年出生，南曹街道小湖村人，中国共产党党员。1950年6月，我光荣地加入了中国人民解放军。1951年2月，我志愿报名加入中国人民志愿军入朝作战，参加了第五次战役和1951年夏秋季防御战。

记忆里最深刻的是在朝鲜战场经历的最后一场战斗。当时，我们在马良山的一处高地执行防御任务，已坚守了20多天，十分疲惫，炒面、子弹等物资也几乎消耗光了。那天，敌人又发起了冲击，战斗很惨烈。我们击退了敌人的多次进攻，身边的战友纷纷倒下。打到傍晚，子弹打光了，面对蜂拥而来的敌人，我握紧刺刀冲上去拼杀，最终脱力昏死过去。

我昏迷了四天四夜，获救醒来后一名卫生员告诉我，增援部队在十几个敌人尸体里发现了我，摸摸我还有脉搏，就抬下来进行救治。这一仗，我们180人的加强连，伤亡了150多人，但守住了阵地并最终取得了胜利。

随后，组织安排我回国在吉林省白城养伤，但我时刻牵挂着部队的情况，多次提交申请要求返回朝鲜战场。组织关心我的身体，让我安心养伤，并教育我留在后方同样能做贡献。出院后，我服从组织安排，从事后勤工作。

1958年，我光荣退伍，回到了家乡。那时的家乡各项建设工作刚刚起步，作为一名党员，我带领身边群众积极投身于家乡建设。退伍后至今的几十年时间里，我把当兵这段经历埋在心底，安心种地，日子过得平淡而幸福，看着家乡每年都有新变化，我打心底里高兴。

2020年10月，南曹街道办事处为我送来了由中共中央、国务院、中央军委颁发的“中国人民志愿军抗美援朝出国作战70周年”纪念章。我抚摸着纪念章，仿佛回到了当年，炮声、枪声、号声、战友们倒下的身影……泪水模糊了我的双眼。

作为一名中国人，我热爱和平，但为了保家卫国，我愿意牺牲一切。

日常生活　马健　摄

乡村蝶变

口述：魏满囤
整理：何　伟

我叫魏满囤，1947年出生，南曹街道张华楼村人。1969年参加中国人民解放军，1970年加入中国共产党，1971年复员回乡，成为一名教师。

我们村是距离办事处驻地最远的村之一。村内私搭乱建多、基础设施薄弱、村容脏乱差，我心里很不是滋味。作为一名老党员，我有责任让家园变美。于是在2018年，经过深思熟虑，我参加了村监委会选举并当选为监委会主任。

2019年年初，村“两委”组织召开专题会议，分析了村情现状：村里男性劳动力外出务工，留守妇女较多。可以把能力强、愿意为群众服务的妇女组织起来，成立妇女联络员队伍，开展信息采集、政策宣传、矛盾调解、带头示范工作，带动群众参与村庄建设。

张华楼村夜经济　马健　摄

最后决定每15户村民推选出1名妇女作为联络员，建立妇女联络员队伍。俺儿媳妇第一时间带头报名，队伍很快拉了起来。

“重阳敬亲”活动是妇女联络员队伍组织起来后举办的第一个大型活动。她们不怕委屈、不惧冷落，挨家挨户动员，将老人请到村口广场，组织儿子、儿媳为老人洗脚。在现场，很多老人都流下了幸福的泪水。活动大获成功，不仅增强了妇女联络员的信心，更增强了村干部的信心。

随着工作的开展，在南曹街道党工委支持下，村“两委”创新探索“1315”村庄治理模式，“1”是以党支部为核心，“3”是组建由党员、村民代表和妇女联络员构成的3人初心服务队，分包15户村民，21支初心服务队服务全村372户村民。又相继开展了“夜课堂”“一家人一个梦”等系列活动，全村群众思想空前统一。

2019年12月，我村被管城回族区列为美丽乡村建设示范村候选村，初心服务队成了一面旗帜。村里召开了环境综合整治主题会议，会议结束后，我立即行动，拆除了自家门前的货梯。21支初心服务队共63人带头示范，先整理自家，再带动其他村民。村民热情高涨、积极行动，清理积存垃圾、拆除私搭乱建……仅仅一周时间，村内237处私搭乱建全部拆除完毕，环境大有改观。2020年2月，张华楼村顺利被管城回族区委、区政府列为美丽乡村建设示范村，继而成为郑州市美丽乡村建设示范村。

在美丽乡村建设过程中，大家把计划安排到每一天，快速高效推进工作。东侧游园广场项目涉及的41户村民3天完成协议签订，保证了项目工程队2020年3月中旬进驻施工。铺设雨污水、给水、弱电等管道18000多米，整修道路6130米，修建4万余平方米的游园广场，篮球场、停车场、公厕等配套设施一应俱全。

如今，走进我们张华楼村，一幅幅美丽乡村画卷铺展开来。杏花微雨巷、山楂巷、幽香丹桂巷……一条条文化小巷带来别样乡愁；白墙、灰瓦一排排民居各具特色、错落有致，仿佛走进“世外桃源”；充满童趣的儿童游乐设施，宽敞的篮球场，让群众锻炼、带孩儿们有了更多乐趣；绘有荷花、梅花等花卉的“最美”休闲广场、振翅欲飞的蝶变广场……村子摇身一变成为网红打卡地，吸引了许多周边村庄群众前来游玩拍照。

村里产业引进也在同步进行。乐贝乐中央厨房、芭堤芭堤度假小院项目已投产见效，以高效农业为主体的多个项目也在积极洽谈中，张华楼村走上了一条乡村振兴的快车道。我很骄傲，也有信心，在大家的齐心协力下，未来我们村一定能实现华丽蝶变！

记忆中的火车站

口述：王桂香
整理：李　星

我叫王桂香，1970 年出生于南曹街道毕河村。小时候，在村东头看到火车从远方来，又目送它远去，很向往，经常出神。上小学时，有一次老师告诉大家，小湖村有个火车站，火车在那儿停靠。我想我要能到火车站工作，就能天天见到火车了。从那时起，到火车站工作就成了我的梦想。

1987 年 9 月，我抑制不住心中的喜悦到小李庄火车站报道，小时候的梦想实现了。我成了一名站务员，主要负责客运售票工作。当时车站周边是整片的田地，售票大厅是蓝砖大瓦房，候车室与售票大厅加起来也不过 200 平方米。那时候，它是一个客货运兼营的四等站，以货运为主，客运量不大。货运年发货量约 16 万吨，到货量约 30 万吨。辖区及

小李庄站货运铁轨　马健　摄

周边区域土特产、工业产品等向外输送，钢铁、煤等货品运往外地。客运上行、下行各有6趟列车停靠，旅客发送量每天几十人次。

1995年，车站客运停发，仅保留了7条货运业务专用线。2000年，车站升级为三等站。每天运载着钢铁、成品油、聚乙烯等大宗商品从全国各地而来或从车站发往各地。2016年以来，随着郑州国家中心城市建设，小李庄火车站的年均吞吐量突破2000万吨。

2018年12月，中国铁路总公司和河南省政府批复了《郑州铁路枢纽总图规划（2016—2030年）》，明确郑州站、郑州东站、郑州航空港站、小李庄站作为郑州铁路枢纽的四大客运站连通全国。2022年6月，小李庄站更名为郑州南站，并正式启动建设。看到这条消息，我激动地一夜未眠，我的青春伴随着小李庄火车站的发展，期待它的蜕变，期待它的华丽绽放！

逆境中演绎“花”样人生

口述：刘小强

整理：王仲蕾

我叫刘小强，1979年出生，南曹街道席村人，是国家高级花卉园艺师、高级花艺师、河南插花协会理事、管城回族区残疾人代表大会主席团委员。现在从事花艺培训工作。

我有着同大多数人不一样的人生遭遇，但还是走出了属于自己的人生。我母亲患有遗传性强直性脊柱炎，7岁时，我也患上了这个病，给我们治病，把家里的钱都花光了。为了减轻父亲的负担，我从小就会帮家里放羊，干些自己力所能及的活。随着年龄的增长，为了摆脱贫困，照顾病重的母亲，我摆过地摊、开过三轮、修过家电。

2006年，南曹乡政府鼓励我参加管城回族区残疾人职业技能培训班。在培训班我学习了插花技艺，由于我动手能力强，加上刻苦勤奋，在一众学员中脱颖而出，先后参加了郑州市残疾人职业技能大赛和河南省残疾人职业技能大赛，均取得了第二名的好成绩。最令我兴奋的是，2007年我代表河南省到北京参加2008北京奥运会礼仪用花评选暨第三届迎奥运插花花艺大赛，获得了特别奖。同年，我被国家人力资源和社会保障部评为“全国技术能手”。

随后，我到河南职业技术学院园林园艺系学习花艺设计。学习期间，我接触到北京、上海多位花艺大师，在他们的帮助下，我在中国传统插花和现代花艺等方面有了长足的进步，并取得了一些成绩。2014 年，获得青岛（世界）园艺博览会室内插花铜奖；2018 年，获得第八届中国·鄢陵蜡梅梅花插花大赛金奖等奖项；2019 年，获得南阳世界月季洲际大会暨第九届中国月季展优秀奖；2019 年，获得第十九届中国·中原花木交易博览会花艺大赛金奖；2020 年，获得河南第六届翰园情菊花插花大赛一等奖。此外，我还自考了大学本科，找到了一个残疾人的自信和社会价值。

授人以鱼不如授人以渔。辖区每年举办的残疾人职业技能培训，我都去讲插花技艺。2010 年，我受聘为管城回族区残联残疾人自主创业、自主就业职业技能培训班的花艺培训教师。从那时起，给残疾人讲课就成为我最乐意做的一件事。2011 年，河南省残疾人就业服务中心邀请我到中心担任花艺老师，每年在河南省残疾人就业服务中心授课两次，每次 3 个月左右。多年来，累计培训残疾人 400 余人次。

2015 年，我成立了河南流水花卉有限公司和残之韵创客家园一体化服务平台，作为残疾人创业孵化基地、残疾人就业基地和残疾人扶贫基地，为残疾人提供实习机会和创业

花艺培训　南曹街道办事处　供图

空间，鼓励残疾人自强自立。多年来，为 30 多名残疾人提供了实习机会，其中 11 人开了花店，这让我感到十分自豪。

让河南省每个地级市都有我的学员开的花店，是我的梦想。我将接续奋斗，一如既往地向残疾人传授插花技能，带领更多的残疾人进行创业。让他们有实力开店，自食其力养活自己，绽放属于自己的花样人生。

见证苏庄村巨变

口述：赵二成

整理：刘福敬

我叫赵二成，是土生土长的苏庄村人。今年 85 岁，1961 年加入中国共产党。

孩童时候的记忆大都是模糊的，但清楚记得我家的房子是三间草房，墙壁是土坯垒的，有好几条裂缝。我和小伙伴玩耍时，有时透过裂缝相互做鬼脸。吃饭也难，经常吃糠咽菜，只有逢年过节时能吃上几天细粮粗面。遇到天旱饥荒年份，连树皮、草根都吃光。

1950 年春天，村里进行了土地改革，实行统一分配。我家分到了自己的土地，我奶奶笑得合不拢嘴。1953 年，村里成立了互助组，我们第一时间加入。大家取长补短，互相帮忙，粮食产量有了大幅提升。农闲时候，我们改造村边的沙岗、十字沟，翻淤压沙，平整土地，至 20 世纪 70 年代末，苏庄村累计新增良田、果园近千亩。

20 世纪 70 年代中后期，队里办起了粉芡加工厂，增加了集体收入。家庭联产承包责任制落实后，有人在家干起了粉芡加工作坊。20 世纪 80 年代后期，村里家家户户几乎都磨粉，有 500 多户。那时秋冬季节的郑新路上，中牟、禹县、襄县等地来卖红薯的车每天绵延三四里地。年生产粉芡 200 多万斤，远销山东、辽宁、黑龙江等地。1990 年前后，我们村里有了不少“万元户”，很多人像我家一样建了二层楼房。

20 世纪 90 年代，乡党委、政府贯彻落实上级政策，实施“村村通”工程，苏庄村 5 个自然村主干道全部进行了硬化，群众出行方便了很多。同时改旱厕为水冲式厕所，全村旱厕 847 户全部改造，环境明显改善。

进入新世纪，农村安全饮用水工程在我村落地，全村打了5眼深井，铺设管道上万米，大家用上了自来水。修建通组入户道路上万米，并建了下水道，安装了路灯。村民感慨：“马路平，路灯明，自来水流家中，感谢党呀，把路领！”同时，随着郑州城市发展，大量外地人来郑州务工、创业。我们村住了很多人，主街几十家商铺、饭店，早上、晚上人头攒动，热闹非凡。

2012年，按照郑州市城市建设规划，苏庄、大魏河进行拆迁改造，我率先签了协议，支持家乡建设。近十年来，新型城镇化建设的推进，更是让苏庄村发生了翻天覆地的变化。浔江中路、强国路、裕国路、延祥路等多条道路建成，群众出行更加方便。郑新快速路、十七里河生态廊道及南水北调生态文化公园相继建成，绿化面积近千亩，村民家门口逛公园的梦想得到实现。更令人兴奋的是，2019年10月，我们搬进了新小区。这里有健身设施，环境优美，住着非常舒心。

作为苏庄村发生巨大变化的参与者、见证者，我非常感谢党的好政策，我为自己是一名共产党员而骄傲！

丹心为民——南曹医疗卫生事业快速发展

口述：李绍武

整理：张慧芳

我叫李绍武，今年84岁，1986—2001年任郑州市管城回族区南曹乡卫生院院长，2001年从岗位退休。

1966年，我被分配到南曹人民公社卫生院工作。当时，卫生院面积不大，条件比较简陋。一栋小楼、几间瓦房，职工十几人，多为中华人民共和国成立后逐渐成长起来的乡村医生，医学毕业的人员没有几个。设有内科、外科，医疗设备仅有水银台式血压计、听诊器，共有止血钳、弯钳、剪刀等几十种医疗器械，做不了外科手术。医疗卫生条件滞后，只能保障周边群众的基本医疗。不少百姓看病更愿意走二三十公里到市区看病。

这深深刺痛了我们全体职工的心，大家暗暗下决心改变这一状况。白天，大家尽心为群众看病，并相互请教学习。晚上，大家认真学习，努力掌握更多医学知识，全面提高业

南曹卫生院之一　马健　摄

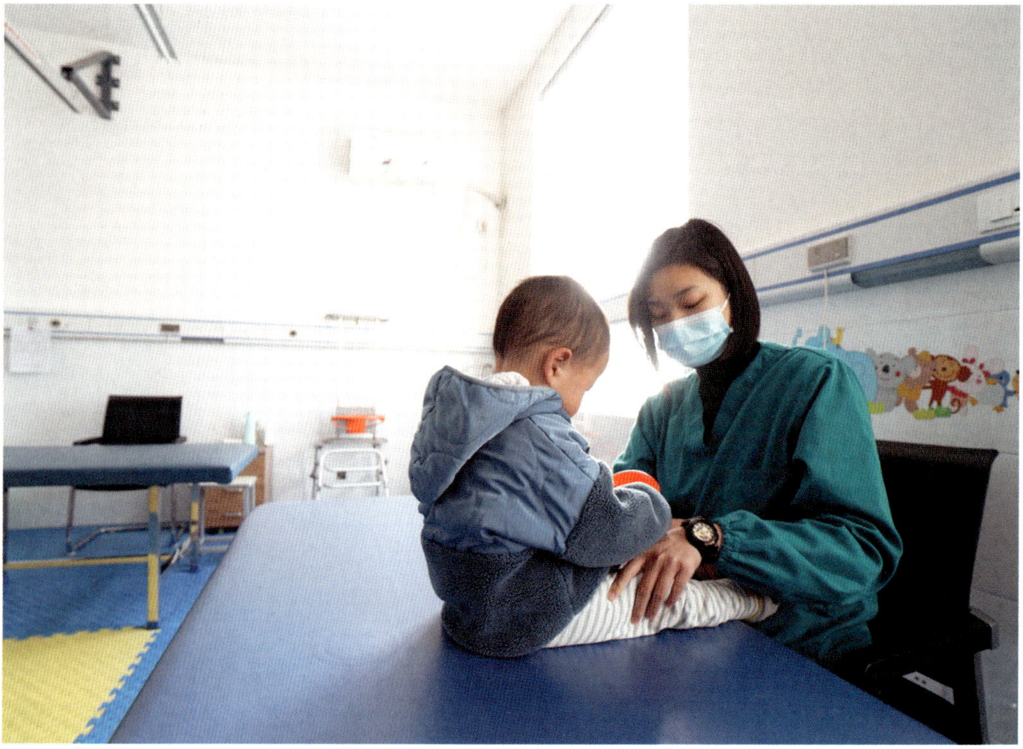

南曹卫生院之二　马健　摄

务能力。同时，更多的卫生院校毕业生来到了卫生院，医护逐渐分开，并引入了大批医疗设备。至20世纪80年代中期，南曹乡卫生院进行了改扩建，医务人员增至30余人，设置有综合住院病区，能收治常见内科疾病，开展阑尾炎、疝气、剖宫产等普通外科手术。令人欣慰的是，20世纪80、90年代，南曹乡卫生院不仅深受本乡群众的信任，也获得了周边中牟县、新郑市乡镇群众的厚爱，前来就医问诊。1995年，我们成功为郎庄村一村民摘除了一个重达16斤多的罕见肿瘤，受到了群众的称赞。

2001年我退休后，难舍对南曹乡卫生院的牵挂，时不时地去卫生院转转看看。2006年，南曹卫生院新院区启动建设，我十分兴奋，医疗条件的进一步改善能更好地为群众健康保驾护航。2008年南曹乡建立了14所标准化村卫生室，统一纳入南曹乡卫生院管理。2009年，南曹乡卫生院迁入新院区，标准化的手术室、先进的医疗设备、宽敞明亮的病房，还有优美的环境，看到卫生院的发展，心中满是欢喜，医院一定会越来越好。

随着年龄渐长，我的身体不如从前轻便，去卫生院的次数就少了。不过，卫生院的院委领导班子年年都会来家慰问。通过他们，我知道卫生院一直在蓬勃发展。2013年5月，卫生院消毒供应室通过验收，成为郑州市首个乡级标准化消毒供应室。2013年6月4日，时任卫生部部长陈竺出席"郑州市居民健康卡发放暨体验日"活动，并为南曹乡居民吴凤仙颁发了全国第一张居民健康卡。2016年，南曹乡卫生院获得全国群众满意乡镇卫生院称号。2020年，南曹乡卫生院成为国家第一批"优质服务基层行"活动推荐标准医疗机构。南曹乡卫生院与郑大一附院合作成立医疗联合体，邀请知名专家来院坐诊，让群众在家门口享受到了优质医疗服务。

病有所医，是老百姓基本的需求，是每位医务工作者的责任，也是习近平总书记深深的牵挂。我很荣幸，见证了南曹街道医疗事业的快速发展并能为之不懈奋斗。唯愿天下无病！

附 录

南曹街道办事处部分军人立功受奖统计表

姓名	性别	籍贯	出生年月	政治面貌	参军时间	立功级别	立功时间
袁保建	男	苏庄村	1959.10	中共党员	1978.03	个人二等功 个人三等功	1981 年立二等功，1979 年立三等功
魏国军	男	毕河村	1960.02	中共党员	1978.03	个人二等功（1 次） 个人三等功（3 次）	1986 年立二等功，1982 年、1983 年、1984 年立三等功，1986 年被授“边陲优秀儿女”
荆雷鸣	男	刘德城村	1983.08	中共党员	2002.09	个人二等功	2021 年
王普松	男	南曹村	1954.01	中共党员	1975.01	个人三等功	1978 年
王国旺	男	南曹村	1955.07	中共党员	1976.12	个人三等功	1979 年
耿运明	男	苏庄村	1960.09	中共党员	1978.03	个人三等功	1979 年
王喜军	男	苏庄村	1960.02	群众	1978.03	个人三等功	1979 年
袁小玉	男	大湖村	1956.02	中共党员	1976.03	个人三等功	1980 年
马刘军	男	毕河村	1963.11	中共党员	1982.11	个人三等功	1984 年
王春明	男	小湖村	1955.01	中共党员	1973.12	个人三等功（2 次）	1985 年 1999 年
魏　成	男	苏庄村	1964.12	中共党员	1982.10	个人三等功	1986 年

续表

姓名	性别	籍贯	出生年月	政治面貌	参军时间	立功级别	立功时间
郝玉凤	女	野曹村	1954.01	中共党员	1974.12	个人三等功	1987年
崔秋园	男	野曹村	1956.10	中共党员	1976.12	个人三等功	1988年
周保安	男	小湖村	1963.09	中共党员	1982.10	个人三等功	1989年
周章松	男	小湖村	1954.12	中共党员	1972.12	个人三等功	1992年
马臣领	男	毕河村	1973.06	中共党员	1990.12	个人三等功	1993年
王继纲	男	南曹村	1977.05	团员	1995.12	个人三等功	1997年
马　俊	男	毕河村	1973.08	中共党员	1994.12	个人三等功	1997年
黄国雄	男	苏庄村	1979.12	中共党员	1997.12	个人三等功	2000年 2001年 2006年
姚伟峰	男	野曹村	1976.02	中共党员	1999.07	个人三等功（3次）	2002年 2003年 2018年
魏胜超	男	张华楼村	1987.07	群众	2003.12	个人三等功	2008年
王恒胜	男	南曹村	1990.06	中共党员	2007.12	个人三等功	2009年
王　洋	男	南曹村	1991.03	中共党员	2008.12	个人三等功	2010年
魏　杰	男	苏庄村	1983.10	中共党员	2002.09	个人三等功	2013年
魏　豪	男	苏庄村	1983.10	中共党员	2003.09	个人三等功	2013年 2020年
刘鸿智	男	毕河村	1990.11	中共党员	2013	个人三等功	2016年
魏冬伟	男	苏庄村	1994.12	中共党员	2014.09	个人三等功	2017年
王　磊	男	小湖村	1994.07	中共党员	2012.12	个人三等功	2022年
李　凯	男	小湖村	1905.06	中共党员	2010.12	个人三等功	2022年

参考文献

[1] 郑州市管城回族区地方志办公室 . 管城回族区年鉴 2006. 呼和浩特：远方出版社，2006.

[2] 郑州市管城回族区地方志办公室 . 管城回族区年鉴 2007. 呼和浩特：远方出版社，2007.

[3] 郑州市管城回族区地方志办公室 . 管城回族区年鉴 2008. 呼和浩特：远方出版社，2008.

[4] 郑州市管城回族区地方志办公室 . 管城回族区年鉴 2009. 呼和浩特：远方出版社，2009.

[5] 郑州市管城回族区地方志办公室 . 管城回族区年鉴 2010. 呼和浩特：远方出版社，2010.

[6] 郑州市管城回族区地方志办公室 . 管城年鉴 2011. 郑州：中州古籍出版社，2011.

[7] 郑州市管城回族区地方志办公室 . 管城年鉴 2012. 郑州：中州古籍出版社，2012.

[8] 郑州市管城回族区地方志办公室 . 管城年鉴 2013. 郑州：中州古籍出版社，2013.

[9] 郑州市管城回族区地方志办公室 . 管城年鉴 2014. 郑州：中州古籍出版社，2014.

[10] 郑州市管城回族区地方志办公室 . 管城年鉴 2015. 郑州：中州古籍出版社，2015.

[11] 郑州市管城回族区地方志办公室 . 管城年鉴 2016. 郑州：中州古籍出版社，2016.

[12] 郑州市管城回族区地方志办公室 . 管城年鉴 2017. 郑州：中州古籍出版社，2017.

[13] 郑州市管城回族区地方志办公室 . 管城年鉴 2018. 郑州：中州古籍出版社，2019.

[14] 郑州市管城回族区地方志办公室 . 管城年鉴 2019. 郑州：中州古籍出版社，2019.

[15] 郑州市管城回族区地方志办公室 . 管城年鉴 2020. 郑州：中州古籍出版社，2020.

[16] 郑州市管城回族区地方志办公室 . 管城年鉴 2021. 郑州：中州古籍出版社，2021.

[17] 郑州市管城回族区地方志办公室 . 管城年鉴 2022. 郑州：中州古籍出版社，2022.

[18] 管城回族区文物局 . 管城回族区文物志 . 郑州：中州古籍出版社，2012.

[19] 郑州市地方史志编纂委员会 . 郑州市志 1. 郑州：中州古籍出版社，1999.

[20] 郑州市地方史志编纂委员会 . 郑州市志 2. 郑州：中州古籍出版社，1998.

[21] 郑州市地方史志编纂委员会 . 郑州市志 3. 郑州：中州古籍出版社，1997.

[22] 郑州市地方史志编纂委员会 . 郑州市志 4. 郑州：中州古籍出版社，1999.

[23] 郑州市地方史志编纂委员会 . 郑州市志 5. 郑州：中州古籍出版社，1998.

[24] 郑州市地方史志编纂委员会 . 郑州市志 6. 郑州：中州古籍出版社，1998.

[25] 郑州市地方史志编纂委员会 . 郑州市志 7. 郑州：中州古籍出版社，1998.

[26] 郑州市地方史志编纂委员会 . 郑州市志 8. 郑州：中州古籍出版社，2000.

[27] 郑州市管城区地史志办公室 . 管城区街道图志 . 郑州：中州古籍出版社，2016.

[28] 郑州市管城区地方史志编纂委员会 . 管城区志 . 郑州：中州古籍出版社，1996.

[29] 郑州市地方史志办公室 . 郑州大辞典 . 郑州：中州古籍出版社，2002.

[30] 河南省地方史志办公室编纂 . 河南历代方志集成 . 郑州：大象出版社，2017.

[31] 星火燎原编辑部 . 中国人民解放军将帅名录 . 北京：解放军出版社，1990.

[32] 郑州市南曹乡志编纂委员会 . 南曹乡志 . 呼和浩特：远方出版社，2006.

[33] 郑州市十八里河镇志编纂委员会 . 十八里河镇志 . 郑州：中州古籍出版社，2002.

[34] 郑州市圃田乡志编纂委员会 . 圃田乡志 . 北京：中国经济出版社，2005.

编纂始末

根据中国地方志工作办公室《中国名街志文化工程实施方案》部署，开发利用地方志文化资源，传承乡土历史文化，保存乡土文化记忆，充分发挥地方志“资政、教化、存史”功能，这是一项意义重大的工作。

《南曹街道志》编纂之始，编纂委员会立足于展现南曹街道发展特点和独有价值，统合古今，详今略古。对中华人民共和国成立以后，特别是进入新时代以来所发生的重要史实进行重点记述，深入挖掘南曹街道锐意进取的发展历程、改革创新的人文精神。

《南曹街道志》从街情特点出发，突出街域特色和重要史实，在篇目设置上力图有所创新，在语言上努力追求朴实、严谨、简洁、流畅，增加可读性。

《南曹街道志》坚持生不立传的原则，因此，有一批曾为南曹街道政治、经济、社会、文化发展做出过诸多奉献的贤达俊杰未能入选本志，在此我们深表歉意。

在《南曹街道志》编纂过程中，编辑人员各负其责，保证了《南曹街道志》的顺利完成。在编纂本书的过程中，得到了中共郑州市委党史和地方史志研究室、中共管城区委党史和地方史志研究室的帮助和指导，时任管城回族区地方史志办公室主任王佰顺为本书的顺利出版提供了大力的帮助。同时，南曹街道党工委和办事处十分重视名街志的编纂工作，街道党工委书记孙铁锋多次对街志编写工作提出要求，审核提纲。街道党工委副书记、办事处主任申超具体负责，协调各部门、各村合力推进名街志编写工作。街道党政办牵头，街道各部门、各村以及相关单位积极提供资料。郑州市摄影家协会马健等为本书提供了摄影作品，惠济区档案馆为本书提供了有关资料，连德林等先生为本书提供了民谣，岳峰源等先生为本书提供了老照片，李其伍、魏满囤、刘小强、赵二成、李绍武先生以及王桂香女士提供了口述史作品。在此谨向为本书付出辛勤劳动的两级党史方志部门和街道领导以及参与编纂的工作人员致以衷心的感谢！

因本书中所选照片及文章众多，部分作品未能在出版前及时联系到著作权人，请著作权人看到后与我们联系，我们将奉上稿酬。

因本书编纂工作时间仓促，资料分散，加之理论水平有限，才疏学浅，虽潜心编纂数易其稿，其错误和遗漏的地方在所难免，敬请社会各界和专家学者批评指正。

《南曹街道志》编纂委员会

2023 年 7 月

马健　摄

马健　摄

潮湖湿地公园　马健　摄

南曹街道一瞥　马健　摄

京广铁路　马健　摄

30

管城回族区外国语小学虹彩路校区　马健　摄

游园漫步　马健　摄